Rehabbing Flooded Houses: A Guide for Builders and Contractors

REHABBING FLOODED HOUSES
A Guide for Builders and Contractors

RECONSTRUCCIÓN Y REHABILITACIÓN DE VIVIENDAS DAÑADAS POR INUNDACIÓN
Una Guía para Constructores y Contratistas

REHABBING FLOODED HOUSES

A Guide for Builders and Contractors

RECONSTRUCCIÓN Y REHABILITACIÓN DE VIVIENDAS DAÑADAS POR INUNDACIÓN

Una Guía para Constructores y Contratistas

Prepared for
U.S. Department of Housing
and Urban Development
Washington, D.C.

Prepared by
Steven Winter Associates, Inc.
Norwalk, Connecticut

August 2008

Preparado para
El Departamento de Vivienda y Desarrollo
Urbano de los EE.UU. (HUD, por sus siglas
en inglés)
Washington, D.C.

Preparado por
Steven Winter Associates, Inc.
Norwalk, Connecticut

agosto 2008

Disclaimer

The statements and conclusions contained in this guidebook are those of the authors and do not necessarily reflect the views or policies of the U.S. Department of Housing and Urban Development or the U.S. Government. The authors have made every effort to verify the accuracy and appropriateness of this guidebook's content. However, no guarantee of the accuracy or completeness of the information or acceptability for compliance with any industry standard or mandatory requirement of any code, law, or regulation is either offered or implied. The products and systems described in the report are included only as examples of some available choices. No endorsement, recommendation, or evaluation of these products or their use is given or implied.

Acknowledgments

The team at Steven Winter Associates, Inc., that worked on this research and publication includes Michael J. Crosbie, William Zoeller, Ed Acker, Christoph Weigel, and Steven Winter. Particularly helpful in preparing this guide was material shared by Dennis Livingston and Ralph Scott. Andy Kner and Michele Trombley designed the publication. Aurora Gallagher provided the Spanish translation. The authors gratefully acknowledge the help and guidance provided by staff at the U.S. Department of Housing and Urban Development, particularly Michael Blanford, Peter Ashley, Dana Bres, and David Engel.

Límite de Responsabilidad

Las declaraciones y las conclusiones contenidas en este manual son de los escritores y no reflejan necesariamente las opiniones o la política del Departamento de Vivienda y Desarrollo Urbano de EE.UU. o del gobierno estadounidense. Los escritores han hecho todo esfuerzo por verificar la exactitud y la pertinencia del contenido de este manual. Sin embargo, no se da ninguna garantía expresa o implícita sobre la exactitud o del estado completo de la información o la aceptabilidad para cumplir con cualquier norma de la industria o requisito obligatorio de cualquier código, ley, o reglamento. Los productos y sistemas descritos en el informe son incluidos solamente como ejemplos de algunas opciones disponibles. No se da o se implica ningún endoso, recomendación, o evaluación de estos productos o sus usos.

Reconocimientos

El equipo de Steven Winter Associates, Inc., involucrado en la investigación y redacción de este informe incluye a Michael J. Crosbie, William Zoeller, Ed Acker, Christoph Weigel y Steven Winter. El material compartido por Dennis Livingston y Ralph Scott resultó especialmente valioso en la preparación de esta guía. Los escritores agradecen la ayuda y la orientación proveída por personal del Departamento de Vivienda y Desarrollo Urbano de EE.UU., en particular Michael Blanford, Peter Ashley, Dana Bres y David Engel.

Contents

Contenido

Notes

Notas

There are many other information resources available on the effects of flooding and rehabbing flooded houses. At the end of each chapter is a list of reading materials that can supplement the information in this guidebook.

Hay muchos otros recursos de información disponibles sobre los efectos de una inundación y la rehabilitación de casas inundadas. Al final de cada capítulo hay una lista de materiales de lectura que pueden complementar la información que contiene este manual.

Introduction

Introducción

Rehabbing Flooded Houses is a guidebook for professional builders and contractors rehabbing flooded single-family houses. Homes flood for a variety of reasons (overflowing rivers, high coastal waves, hurricanes, etc.) but the methods for determining how badly the building has been damaged and how to repair it are relatively similar no matter where you are working. The emphasis in this guidebook is on safe practices and the most important activities in the rehab process.

Chapter 1 of this guidebook takes you through the important steps of determining whether a flooded house is safe enough to enter and preparing a flooded home for rehab. The major focus here is on safe clean-up and preparation of the home for rehab work. Also discussed are common health hazards in flooded homes that you should know about.

Chapter 2 covers the various rehab activities that you might be involved in to make a house habitable again: how to determine if and how the structure and other parts of the building have been damaged, telltale signs of unsafe structural systems, and safe inspection procedures. All of the parts of a house are covered: structure and wall, floor, and ceiling systems; finishes; electrical systems; and HVAC systems. Also discussed are problems with mold and mildew and how to solve them.

Chapter 3 is a detailed look at the correct materials and construction techniques to use in rehabbing a house to make it more flood resistant. This chapter covers strategies that can prevent a house from flooding or lessen the effects of flooding. There are detailed lists of flood-resistant materials and equipment.

Reconstrucción y Rehabilitación de Viviendas Dañadas por Inundación es una guía para constructores y contratistas profesionales dedicados a la rehabilitación de casas unifamiliares inundadas. Las casas se inundan por varias razones (el desborde de ríos, olas altas en regiones costeras, huracanes, etc.), pero los métodos para determinar qué tan grave ha sido el daño al edificio y cómo repararlo son relativamente similares sin importar dónde se esté trabajando. El énfasis de este manual está en proveer prácticas seguras de trabajo y las actividades más importantes en el proceso de rehabilitación.

El Capítulo 1 de esta guía lo lleva por los pasos importantes para determinar si la casa inundada es suficientemente segura para entrar y cómo preparar una residencia inundada para la rehabilitación. El enfoque principal está en el proceso seguro de limpieza y la preparación de la casa para el trabajo de rehabilitación. También presenta los riesgos comunes a la salud presentes en casas inundadas y de los que usted debe estar al tanto.

El Capítulo 2 cubre varias actividades de rehabilitación para hacer una casa otra vez habitable: cómo determinar si la estructura y otras partes del edificio estan dañados, señales que indiquen fallas en los sistemas estructurales y procedimientos aceptables de inspección. Se enfoca en cada parte de la casa: la estructura y los sistemas de muros, pisos y techo; revestimientos; sistemas eléctricos y sistemas de aire acondicionado (HVAC). También presenta problemas de moho y hongos y cómo solucionarlos.

El Capítulo 3 presenta de manera detallada los materiales y las técnicas correctas de construcción para emplear en la rehabilitación de una casa para hacerla más resistente a las inundaciones. Este capítulo cubre las estrategias que pueden impedir que una casa se inunde o cómo disminuir los efectos de una inundación. Hay listas detalladas de materiales y equipo resistentes a inundaciones.

Before rehab work can begin, you need to know whether the home is safe and secure. Follow this checklist and suggestions for getting a flooded home ready for rehab work. The checklist is organized by activities that should happen in sequence, from the start of the project to the final preparation of the house for rehab work.

Tools You Will Need:

- Flashlight
- First aid kit
- Waterproof boots or waders
- Hard hat, gloves, eye protection
- Boots or shoes with hard soles
- Dust mask (N-95)
- Crowbar, hammer, saws, pliers, crescent wrench, screwdrivers, etc.
- Drinking water
- Trash bags
- A wooden stick for turning things over, scaring away snakes and small animals
- Gas-powered generator

Know the Health Hazards

A flooded house contains many potential health hazards. Be aware of these most dangerous ones:

Toxic sediment. Floodwaters sometimes leave a layer of sediment: soil, sewage, and toxic chemicals such as arsenic, chemicals from diesel fuel, heavy metals (lead, cadmium, mercury), pesticides, and other hazards. Take precautions to avoid inhaling or ingesting sediment. Wear protective equipment and clothing, and clean sediment from indoor and outdoor areas.

Antes de comenzar el trabajo de rehabilitación, usted tiene que saber si la casa tiene riesgos. Siga la lista y sugerencias a continuación sobre cómo preparar una casa inundada para el trabajo de rehabilitación. La lista está organizada en el orden en que debe ser realizado el trabajo de rehabilitación, desde el principio del proyecto hasta el final.

Equipo Necesario:

- Linterna
- Botiquín de primeros auxilios
- Botas impermeables o de pescador
- Casco, guantes, protección para los ojos
- Botas o zapatos con suelas duras
- Mascarilla contra el polvo (N-95)
- Palanca, martillo, serruchos y sierras, alicates, llave inglesa, desarmadores, etc.
- Agua para beber
- Bolsas de basura
- Un palo de madera para voltear objetos, asustar a serpientes y animales pequeños
- Generador portátil de electricidad (a gas)

Conozca los Riesgos de Salud

Una casa inundada contiene muchos riesgos para la salud. Tenga precaución de los más peligrosos:

Sedimentos tóxicos. Las crecidas a veces dejan una capa de sedimento que consiste de tierra, aguas negras y sustancias tóxicas como arsénico, residuos de diesel, metales pesados (plomo, cadmio, mercurio), pesticidas y otros peligros. Tome precauciones para evitar respirar o ingerir el sedimento. Llévese equipo y ropa de protección y limpie el sedimento de las áreas internas y externas.

Carbon monoxide. Carbon monoxide (CO) is an odorless, colorless gas that can cause sudden illness and death through asphyxiation. Do not use fuel-burning equipment, including portable generators, inside flood-damaged houses. Operate outdoor generators at least 10 feet from windows, doors, and other openings to dwellings.

Mold. Mold growth thrives under warm and moist conditions. Mold can be detected visually or by its musty odor. Make sure that workers wear at least an N-95 NIOSH-approved respirator to protect against airborne microorganisms. Increased levels of respiratory protection (for example, powered, air-purifying respirators equipped with HEPA filters) may be appropriate depending on the level of visible contamination. Lightweight moisture-resistant coveralls should be worn during cleaning operations. These clothes should be washed separately from the normal laundry. Anyone with known mold allergies should not attempt to rehab a flooded home.

Lead-based paint hazards. Homes built before 1978 may have paint that contains lead. Water damage can cause paint to flake and peel. Small particles of lead paint in the home can be dangerous to workers. Unless you are able to test floors and other surfaces to make sure lead dust levels are low, assume there is a danger. Use proper precautions to prevent exposure and clean surfaces thoroughly. For information on lead-safe work practices, see the Federal Lead Paint Safety Field Guide, *www.hud.gov/offices/lead/training/LBPguide.pdf*

Monóxido de carbono. El monóxido de carbono (CO) es un gas inodoro e incoloro que puede causar enfermedades y muerte repentina a través de la asfixia. No use equipos que consuman combustible, incluso generadores portátiles, dentro de casas dañadas por inundaciones. Opere generadores al aire libre y a una distancia de al menos 10 pies de las ventanas, puertas y otras aperturas de la casa.

Moho. Condiciones calientes y húmedas favorecen el crecimiento de moho. El moho puede ser detectado visualmente o por su olor rancio. Asegúrese que los trabajadores lleven al menos un respirador N-95 aprobado por el Instituto Nacional para la Seguridad y Salud Ocupacional (NIOSH, por sus siglas en inglés), para protegerse contra microorganismos en la atmósfera. Dependiendo del nivel de contaminación visible debe agregar el nivel de protección respiratoria apropriada, por ejemplo un respirador-purificador de aire impulsado con filtros (HEPA). Se deben usar overoles livianos y resistentes a la humedad. Esta ropa debe ser lavada separada de la ropa sucia normal. Personas con alergias al moho no deben intentar rehabilitar una casa que ha sido inundada.

Peligros de la pintura de plomo. Las residencias construídas antes de 1978 pueden tener pintura con plomo. El daño de agua puede causar que la pintura se desprenda o se descascare en escamas. Las partículas pequeñas de pintura con plomo en la casa pueden ser peligrosas para los trabajadores. A menos que usted pueda evaluar los pisos y otras superficies para asegurarse de que los niveles de partículas de plomo sean bajos, usted debe suponer que hay peligro. Use las precauciones adecuadas para prevenir la exposición y limpie las superficies minuciosamente. Para información sobre prácticas seguras de trabajo en la presencia de partículas de plomo, consulte la publicación federal titulada La Seguridad con la Pintura de Plomo: Una Guía Práctica para la Pintura, el Mantenimiento y las Renovaciones en las Viviendas, disponible en: *www.hud.gov/offices/lead/library/lead/LeadGuide_Span.pdf*

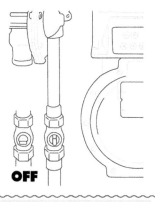

1-A
Gas meter shut-off
Válvula para apagar el medidor de gas

Before You Go Inside a Flooded Home

- If there is standing water next to the outside walls of the home, don't go inside.
- Before you go in, walk around the outside of the house checking for loose power lines and gas leaks.
- Check the foundation for cracks or other damage.
- Check structural members bearing on the foundation for cracks, breaks, or shifting.
- If there is an accessible crawl space or another place to look under the house (such as a basement window), examine floor structure for collapse, cracks, or shifting.
- Examine all exterior walls for signs of structural failure: cracks at window and door lintels and sills, bulging surfaces, cracked or missing siding.
- Examine porch roofs and overhangs to be sure supports are intact.
- Look for gaps between the steps and the home.

Turn Off Outside Utilities

- It is very important to turn off utilities, especially electricity and gas. Even if the utility companies have stopped service, you must make sure that the utilities are turned off.
- Gas appliances and pipes might have broken, creating a gas leak.
- The electricity must be turned off at the main breaker box or fuse box.
- If electrical or gas meters are outside, remove or shut off meters to disconnect utilities. [1-A]
- If the electrical or gas controls are inside the house, do not turn them off until you can safely enter.
- Write down the numbers on all the dials in the gas meter. Check the dials at least five minutes later. If the numbers have changed, the valve is not closed.
- Call the utility company for help and keep clear of the area until the gas has stopped flowing.
- Check for broken or leaking water pipes. Cut off the water supply by turning off the valve at the water meter.

Antes de Entrar a una Casa Inundada

- Si hay agua estancada junto a las paredes exteriores de la casa, no entre.
- Antes de entrar, camine con cuidado alrededor del exterior de la casa y mire si hay cables eléctricos sueltos o si hay escapes de gas.
- Revise los cimientos o la fundación de la casa asegurándose que no hayan grietas u otros tipos de daños.
- Examine los soportes de carga de la cimentación buscando grietas, roturas o desplazamientos.
- Si hay un espacio libre debajo de la casa que sea accesible u otro lugar donde se pueda mirar por debajo de la casa (como una ventana del sótano), revise la estructura del piso buscando colapsos, grietas o desplazamientos.
- Examine todas las paredes exteriores buscando señales de colapso estructural: grietas en las ventanas y los dinteles y umbrales de las puertas, superficies hinchadas o si hay rajaduras o vacíos en el recubrimiento exterior.
- Examine los techos de las terrazas y aleros para verificar que los soportes estén intactos.
- Busque brechas entre las escaleras y la casa.

Desconecte los Servicios Exteriores

- Es muy importante desconectar los servicios públicos, especialmente la electricidad y el gas. Aún cuando las compañías hayan suspendido el servicio, usted debe asegurarse que los servicios estén apagados.
- Los electrodomésticos operados por gas y las tuberías pueden haberse roto, creando un escape de gas.
- La electricidad debe ser desconectada en el interruptor principal o la caja de fusibles.
- Si los controles de electricidad o gas están dentro de la casa, no los apague hasta que usted pueda entrar sin peligro. [1-A]
- Anote los números de los discos del marcar en el medidor de gas. Verifique los discos cinco minutos despúes. Si los números han cambiado, la válvula no está cerrada.

- Inside the house, if there is a pool of water on the floor between you and the fuse box or circuit breaker panel, use a dry, non-conducting stick to turn off the main fuse or breaker. Do not step or stand in water when touching the electrical panel.
- After the electricity is turned off, check with the building department to see if the code allows you to disconnect the wiring from the switches and outlets. If the code does not allow you to disconnect them, leave the wires connected and pull them out of their boxes. It is good practice to throw away flooded switches and outlets and replace them.

Go Inside Carefully

If the house appears safe to enter (no collapsed foundations, walls, or roofs) do an initial inspection of the interior while wearing a dust mask and protective clothing before doing a more thorough structural inspection (covered in Chapter 2).

- If the door sticks and has to be forced open, it might be swollen or blocked by debris. If it sticks at the top, the ceiling may be ready to fall.
- Before you step on the floor, check for signs of severe sagging, holes, etc., that show that the floor surface might not be safe to walk on.
- If the door won't open easily, it may be easier to enter through a window, but visually inspect the floor before entering.
- Step carefully. Water and mud make a floor very slippery.
- Watch for snakes, other animals, loose flooring, holes, and nails.
- Check for cabinets and other tall pieces of furniture that might be ready to fall over.
- Remove mirrors and heavy pictures from walls. They might not stay up if the wallboard is wet.
- Tree limbs or trash that hit or floated into the house should be cleared.
- Look carefully at each room's ceiling for cracking, sagging, or signs of collapse.

- Llame a la compañía de gas para recibir ayuda y manténgase alejado del área hasta que el gas haya dejado de fluir.
- Revise si las tuberías de agua están fracturadas o si hay fugas. Si las encuentra, corte el suministro de agua cerrando la válvula del medidor de agua.
- Si hay un charco de agua en el piso entre usted y la caja de fusibles o el panel interruptor, use un palo seco y no conductor para apagar el fusible principal o el interruptor. No pise ni pase por el agua cuando esté tocando los paneles eléctricos.
- Después de que la electricidad esté desconectada, hable con el departamento de construcción y obras para ver si el código le permite desconectar el cableado de los interruptores y los enchufes. Si el código no le permite desconectarlos, deje los cables conectados y jálelos fuera de sus cajas Es aconsejable quitar y reemplazar los enchufes que se hayan mojado.

Entre Con Precaución

Si la casa parece segura para entrar (no hay cimientos, paredes o techos derrumbados) lleve a cabo una inspección inicial del interior utilizando una mascarilla contra el polvo y ropa impermeable antes de realizar una inspección estructural más extensa (que se cubre en el Capítulo 2).

- Si la puerta está atascada y tiene que forzarla para abrirla, es posible que esté hinchada o bloqueada por escombros. Si está atascada por arriba, el techo puede estar por derrumbarse.
- Antes de caminar por el piso, busque señales de hundimiento severo, huecos, etc., que indiquen que la superficie del piso es peligrosa para caminar.
- Si la puerta no se abre fácilmente, podría ser más fácil entrar a través de una ventana, pero inspeccione el piso visualmente antes de entrar.
- Pise con cuidado. El agua y el lodo hacen que un piso sea muy resbaladizo.
- Busque serpientes, otros animales, material suelto de pisos, agujeros y clavos.

1-B
Releasing water in ceiling
Liberando el agua retenida en el techo

Check Ceilings for Sagging

Ceilings might be holding water. If a ceiling is sagging, do the following before you go in a room:

- Use a long metal rod or poker, a nail, or other pointed object attached to the end of a long stick. [1-B]
- Stand away from, not under, the sag (under a doorway is safest). Poke a hole in the ceiling at the upper edge of the sag so any trapped water can begin to drain.
- After the water drains, poke another hole at the lower edge.
- Tear down the sagging ceiling using extreme caution.
- Repeat this procedure for any room that has sagging ceilings.

Check Floor for Sagging

- Plywood and other flooring damaged by water could collapse under human weight.
- Avoid walking on sagging floors.
- If small sections of floors are sagging, place thick plywood panels or strong boards on the floor to cover the damaged area.
- Be sure the wood extends at least 8 to 12 inches on each side of the sagging area.

- Revise los gabinetes y otros muebles altos que puedan estar por caerse.
- Retire los espejos y cuadros pesados de las paredes. Estos no quedarán colgados si el panel de yeso ("drywall" en inglés) está mojado.
- Retire las ramas de árboles u otra basura que pueda haber flotado o caído dentro de la casa.
- Fíjese cuidadosamente en el techo de cada habitación para ver si hay grietas, hundimiento o señales que está por derrumbarse.

Revise los Techos por Hundimiento

Es posible que los techos estén reteniendo agua. Si el techo está hundiéndose, haga lo siguiente antes de entrar a una habitación:

- Use una vara larga de metal o un clavo pegado a un palo largo. [1-B]
- Manténgase a distancia y no debajo del hundimiento (debajo de un umbral es lo más seguro). Hágale un agujero al techo en el borde superior del hundimiento para que el agua atrapada pueda empezar a drenar.
- Cuando deje de salir agua, haga otro agujero más abajo en el hundimiento.
- Derrumbe el techo hundido con mucho cuidado.
- Repita este procedimiento en cualquier habitación que tenga techos hundidos.

Revise los Pisos por Hundimiento

- El aglomerado de madera ("plywood" en inglés) y otros tipos de piso dañados por el agua se pueden derrumbar con facilidad por el peso humano.
- Evite caminar sobre pisos hundidos.
- Si secciones pequeñas de los pisos se hunden, coloque paneles gruesos de aglomerado de madera ("plywood" en inglés) o tablas fuertes sobre el piso para cubrir el área deteriorada.
- Asegúrese que la madera se extienda al menos de 8 a 12 pulgadas en cada lado del área hundida.

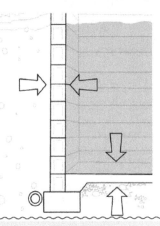

1-C

Pressure is equalized in flooded basement
La presión está ecualizada en el sótano inundado

Patch Holes and Stabilize Floors and Roof

- Cover holes in the roof, walls, or windows with boards, tarps, or plastic sheeting.
- Plastic sheets should be nailed down with wood strips or taped with duct tape.
- Use 4x4s or other heavy lumber to brace weak areas.

Drain Basement Carefully

If the basement is flooded, you might need to wait to pump it out. Floodwaters outside the house will push hard against the outside basement walls. Pressure outside the walls will be greater than the pressure inside the walls if the basement is drained too quickly. Basement walls and floors might crack and collapse. [1-C, 1-D] To drain the basement carefully, follow these steps:

- Do not go into a basement with standing water unless you are sure the electricity is off.
- After floodwaters no longer cover the ground, basement water can be pumped out.
- Pump the water level down 2 to 3 feet. Mark the level and wait overnight.
- Check the water level the next day. If the water went back up, it is too early to drain the basement. Wait overnight. Then pump the water down 2 to 3 feet again. Check the level the next day.
- When the water stops rising, pump down another 2 to 3 feet and wait overnight. Repeat these steps until all water is pumped out.

Repare Agujeros y Estabilice Pisos y Tejado

- Cubra los agujeros en el tejado, las paredes o ventanas con tablas, carpas o láminas de plástico.
- Las láminas de plástico deben ser clavadas con tiras de madera o pegadas con cinta para dúctos.
- Use barrotes de 4x4 pulgadas u otra madera pesada para reforzar las áreas débiles.

Desagüe el Sótano Cuidadosamente

Si el sótano se ha inundado, es posible que tenga que esperar antes de bombearlo. La crecida fuera de la casa empujará fuertemente contra las paredes exteriores del sótano. La presión fuera de las paredes será mayor que la presión dentro de las paredes si el sótano se vacía demasiado rápido. Las paredes y el suelo del sótano pueden agrietarse y derrumbarse. [1-C, 1-D] Siga estos pasos:

- No entre a un sótano con agua estancada a menos que usted esté seguro que la electricidad está desconectada.
- Cuando el agua de la inundación ya no cubra el suelo exterior, entonces puede empezar a bombear el agua del sótano.
- Bombee el nivel de agua hasta que esté de 2 a 3 pies menos de lo que estaba antes. Señale el nivel y espere hasta el día siguiente.
- Verifique el nivel de agua al día siguiente. Si el nivel subió, es demasiado temprano para desaguar el sótano. Espere hasta el día siguiente. Entonces vuelva a bombear el nivel 2 o 3 pies y verifique el nivel de agua al día siguente.
- Revise el nivel al día siguiente.
- Cuando el nivel de agua deje de subir, bombee unos 2 o 3 pies más de agua y espere hasta el día siguiente. Repita estos pasos hasta que toda el agua haya sido bombeada fuera del sótano.

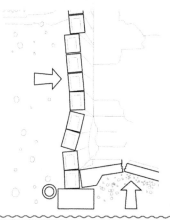

1-D
Pumping basement too quickly may cause collapse
Si bombea el sótano demasiado rápido,
puede derrumbarse

Remove the Sediment

- Sediment left inside the house by floodwaters could contain health hazards. It should be removed as soon as possible.
- Shovel out as much sediment as possible.
- If you have water, hose the home down, inside and out. If you have an attachment that sprays soap, wash and then rinse the walls and floors.
- Flooded heating and air conditioning ducts will have mud in them. To clean the rigid metal ducts, remove the vents or registers. If possible, remove some sections of the metal ducts in the basement or crawl space to give you access to all areas. Then thoroughly hose out all the metal ducts. Fiberboard ducts or flexible ducts should be replaced if water damaged.
- After hosing out metal ducts, wash with a disinfectant or sanitizer, such as quaternary, phenolic, or pine oil-based products.

Retire el Sedimento

- Es posible que el sedimento depositado en la casa por la crecida contenga peligros para la salud. Este debe ser retirado tan pronto como sea posible.
- Palee para afuera todo el sedimento que sea posible.
- Si hay agua disponible, riegue la casa por dentro y afuera. Si tiene un rociador que dispense jabón, lave y luego enjuague las paredes y los pisos.
- Los ductos de calefacción y aire acondicionado que se han inundado tienen lodo adentro. Para limpiar los ductos rígidos de metal, retire las rejillas o los registros. Si es posible, retire algunas secciones de los ductos de metal en el sótano o el espacio libre debajo de la casa para darle acceso a todas las áreas. Luego, riegue todos los ductos de metal minuciosamente. Si se encuentran dañados por agua, los ductos de fibra o ductos flexibles deben ser reemplazados.
- Después de regar los ductos de metal, lávelos con un desinfectante, usando productos a base de cuaternario, fenólico o aceite de pino.

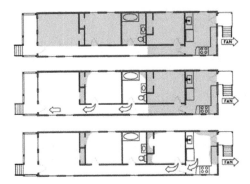

1-E
Cleaning sequence with exhaust fan at rear of house
Secuencia para limpiar la casa, con ventilador extractor detrás de la casa

Dry Out the House

Before rehab work can move forward, the house must be dried out. Wallboard will disintegrate if it remains wet too long; wood can swell, warp, or rot; electrical parts can short out, malfunction, and cause fires or shock. Dampness promotes the growth of mold. Everything will dry more quickly and clean more easily if you can reduce the humidity in the home.

- If the humidity outside is lower than indoors, and if the weather permits, open all the doors and windows to exchange the moist indoor air for drier outdoor air.
- At night and other times when the humidity is higher outdoors, close up the house.
- Open closet and cabinet doors. Remove drawers to allow air circulation. Speed drying by opening up the back of the cabinets to let the air circulate.
- Use fans. Fans help move the air and dry out your home. Do not use central air conditioning or the furnace blower if the ducts were under water.
- Run dehumidifiers. Dehumidifiers and window air conditioners will reduce the moisture.
- Do not use propane or gas heaters to assist in drying out the structure. Heaters can cause the humidity inside the structure to increase rather than decrease and will also promote growth of mildew and bacteria.
- Use desiccants. Desiccants (materials that absorb moisture) are useful in drying closets or other enclosed areas through which air cannot move. Desiccants are usually available at hardware, grocery, or drug stores.
- Use chemical dehumidifier packs, cat litter made of clay, or calcium chloride pellets used for melting ice in the winter.

Seque la Casa

Antes de que el trabajo de rehabilitación pueda avanzar, la casa debe estar seca. El panel de yeso ("drywall" en inglés) de las paredes se desintegra si permanece mojado por mucho tiempo; la madera puede hincharse, deformarse o pudrirse; el sistema eléctrico puede tener un corto circuito, fallar y causar incendios o electrocución. La humedad promueve el crecimiento de moho. Todo se secará más rápidamente y será más fácil de limpiar si usted reduce la humedad en la casa.

- Si la humedad fuera de la casa es menor que la humedad dentro y si el clima lo permite, abra todas las puertas y ventanas para cambiar el aire húmedo por el aire exterior más seco.
- Por la noche y en momentos en que la humedad es mayor afuera, cierre la casa.
- Abra las puertas de los armarios y gabinetes. Retire cajones para permitir la circulación del aire. Para acelerar el secado, abra la parte trasera de los gabinetes para permitir que el aire circule.
- Use ventiladores. Los ventiladores ayudan a circular el aire y a secar la casa. No use el aire acondicionado central o el soplador del calentador si los ductos estaban bajo el agua.
- Opere deshumidificadores y aire acondicionado de ventana para reducir la humedad.
- No use calentadores de propano o gas para ayudar a secar la estructura. Los calentadores pueden causar que la humedad dentro de la estructura aumente en vez de disminuir y también promoverán el crecimiento de moho y bacterias.
- Use secantes. Los secantes (materiales que absorben la humedad) son útiles para secar armarios u otras áreas cerradas donde el aire no puede circular completamente. Los secantes se consiguen generalmente en ferreterías, supermercados o farmacias.
- Use paquetes de secantes químicos, arena higiénica para gatos o pastillas de cloruro de calcio usado para derretir el hielo en invierno.

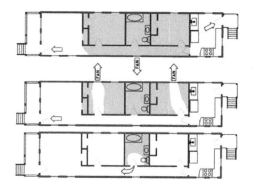

1-F
Cleaning sequence with exhaust fan in side windows
Secuencia para limpiar la casa, con ventilador extractor en una ventana lateral

Sequence for House Clean-Up

- Always work from a clean area. [1-E, 1-F] Don't walk on piles of rubbish.
- Start in one corner of the house, clean it, and then work to the next dirty area, working from clean areas to dirty areas.
- Carry materials the shortest possible distance to the outside.
- When possible, use a fan to pull air from cleaned areas. Put a fan in the back window of the house, and start cleaning from the front room back, so the fan will pull dust and dirt away from the clean rooms.
- Where accessible, discard trash through windows (side windows are best, if accessible) directly into cart.

Secuencia Para Limpiar la Casa

- Siempre trabaje desde un área limpia. [1-E, 1-F] No camine encima de montones de basura.
- Empiece en una esquina de la casa, límpiela y pase a la próxima área sucia para trabajar. Siempre trabaje de áreas limpias a áreas sucias.
- Lleve los materiales al exterior por el camino más corto posible.
- Cuando sea posible, utilice un ventilador para que extraiga aire de las áreas limpias. Ponga un ventilador en la ventana trasera de la casa y empiece a limpiar desde el frente de la casa hacia atrás para que el ventilador extraiga el polvo y otras partículas de los cuartos limpios.
- Cuando las ventanas sean accesibles, descarte basura directamente en la carretilla a través de ellas (las ventanas laterales son mejores).

Information Resources

- **American Institute of Architects (AIA) Disaster Assistance Program.** The AIA Disaster Assistance Program provides resources and support to architects helping communities recover from a disaster. Information available at: *www.aia.org/liv_disaster*

- **As Floodwaters Recede: A Checklist of Things to Do.** North Carolina State Historic Preservation Office. A useful checklist of practical things to do to protect historic properties after floodwaters recede. Available at: *www.hpo.dcr.state.nc.us/recede.htm*

- **Controlling Mold Growth When Cleaning Flooded and/or Rain-Wetted Homes.** Terry L. Amburgey. Mississippi State University Department of Forestry. Available at: *http://msucares.com/forestry/disaster/14e-mold.pdf*

- **The Louisiana State University (LSU), Agricultural Center (AgCenter).** The center's Web site contains hurricane recovery information, including protection from insect- and pest-borne diseases and contaminated floodwaters. Available at: *www.lsuagcenter.com/en/family_home/hazards_ and_threats/recovery_assistance*

- **Mold Remediation in Schools and Commercial Buildings.** U.S. Environmental Protection Agency (EPA). A good guide to personal protection in working with mold. Available at: *www.epa.gov/mold/mold_remediation.html*

Recursos de Información

- **Programa de Asistencia para Desastres del Instituto Americano de Arquitectos (AIA, por sus siglas en inglés).** El Programa de Asistencia para Desastres del AIA provee recursos y apoyo a arquitectos que prestan sus servicios a comunidades que se recuperan de un desastre. Información disponible en: *www.aia.org/liv_disaster*

- **Cuando Bajan las Crecidas de Agua: Una Lista de Verificación de lo que se Debe Hacer.** Oficina de Conservación Histórica del Estado de Carolina del Norte. Una lista de verificación útil de pasos prácticos para proteger propiedades históricas después de que bajan las crecidas de agua. Disponible en: *www.hpo.dcr.state.nc.us/recede.htm*

- **Controlando el Crecimiento de Moho al Limpiar Casas Inundadas y/o Mojadas por Lluvia.** Terry L. Amburgey. Departamento de Silvicultura de la Universidad Estatal de Mississippi. Disponible en: *http://msucares.com/forestry/disaster/14e-mold.pdf*

- **La Universidad Estatal de Louisiana (LSU, por sus siglas en inglés).** Centro Agropecuario (AgCenter). El sitio web del Centro ofrece información sobre recuperación de huracanes, incluyendo protección contra insectos y las enfermedades causadas por plagas y crecidas de agua contaminada. Disponible en: *www.lsuagcenter.com/en/family_home/hazards_ and_threats/recovery_assistance*

- **Los Remedios para el Moho en Escuelas y Edificios Comerciales.** Agencia de Protección Ambiental de los Estados Unidos (EPA, por sus siglas en inglés). Una buena guía para la protección personal cuando se trabaja con moho. Disponible en: *www.epa.gov/mold/mold_remediation.html*

- **Mold Removal Guidelines for Your Flooded Home.** The Louisiana State University (LSU), Agricultural Center (AgCenter), 2006. Available at:
  www.lsuagcenter.com/NR/rdonlyres/CABFF19A-1781-4C7E-B58C-1588F203A588/29666/Pub2949BMoldRemovalFINAL1.pdf

- **PATH - Recommendations to Help You Recover From a Flood.** U.S. Department of Housing and Urban Development (HUD). Recommendations based on findings from the Oak Ridge National Laboratory field tests of flood damage-resistant housing materials. Available at:
  www.pathnet.org/sp.asp?id=12574

- **Picking up the Pieces after a Disaster.** American Red Cross, 2003. Available at:
  www.redcross.org/services/disaster/0,1082,0_23_,00.html

- **Repairing Your Flooded Home.** American Red Cross, 1992. Available as a book from your local Red Cross chapter or by writing for publication FEMA-234, ARC 4477, to FEMA, P.O. Box 2012, Jessup, MD 20794-2012; or at:
  www.redcross.org/services/disaster/0,1082,0_570_,00.html

- **Safe and Healthy Rebuilding of Flood-Damaged Homes.** Dennis Livingston and The Alliance for Healthy Housing, 2006. Available at:
  www.afhh.org/res/res_pubs/shrfdh.pdf

- **Guía para Retirar el Moho de su Casa Inundada.** Centro Agropecuario de la Universidad Estatal de Louisiana, 2006. Disponible en:
  www.lsuagcenter.com/NR/rdonlyres/CABFF19A-1781-4C7E-B58C-1588F203A588/29666/Pub2949BMoldRemovalFINAL1.pdf

- **PATH (Alianza para Avanzar la Tecnología de Vivienda) - Recomendaciones para Ayudarle a Recuperarse de una Inundación.** Departamento de Vivienda y Desarrollo Urbano de EE.UU. (HUD, por sus siglas en inglés). Recomendaciones basadas en los hallazgos de las pruebas de campo del Laboratorio Nacional Oak Ridge sobre materiales de vivienda resistentes a daños ocasionados por inundaciones. Disponible en:
  www.pathnet.org/sp.asp?id=12574

- **Recuperación Después de un Desastre.** Cruz Roja de los Estados Unidos, 2003. Disponible en:
  www.redcross.org/services/disaster/0,1082,0_23_,00.html

- **Reparando su Hogar Inundado.** Cruz Roja de los Estados Unidos, 1992. Disponible en versión impresa en su oficina local de la Cruz Roja o al escribir pidiendo la publicación FEMA-234, ARC 4477 a la siguiente dirección: FEMA, P.O. Box 2012, Jessup, MD 20794-2012. También disponible en:
  www.redcross.org/services/disaster/0,1082,0_570_,00.html

- **Reconstruyendo Casas Dañadas por Inundaciones de Manera Segura y Sana.** Dennis Livingston y La Alianza para Vivienda Sana, 2006. Disponible en:
  www.afhh.org/res/res_pubs/shrfdh.pdf

- **Tips for Drying Out a Water-Damaged Building.** North Carolina Department of Cultural Resources, 1998. An information sheet about drying out water-damaged historic structures. Available at: *www.hpo.dcr.state.nc.us/dryout.htm*

- **Indoor Air Quality.** U.S. Environmental Protection Agency (EPA). A Web site containing detailed information on mold, and links to other EPA publications downloadable in PDF format. Available at: *www.epa.gov/iaq/molds/moldresources.html*

- **What to do After a Flood or Flash Flood.** American Red Cross. Available as a book from your local Red Cross chapter or by writing: FEMA, P.O. Box 2012, Jessup, MD 20794-2012; or at: *www.redcross.org/services/disaster/0,1082,0_570_,00.html*

- **Sugerencias para Secar un Edificio Dañado por Agua.** Departamento de Recursos Culturales del Estado de Carolina del Norte, 1998. Una hoja de información para secar estructuras históricas dañadas por agua. Disponible en: *www.hpo.dcr.state.nc.us/dryout.htm*

- **Calidad del Aire Interior.** Agencia de Protección Ambiental de los Estados Unidos (EPA, por sus siglas en inglés). Un sitio web que ofrece información detallada sobre moho y enlaces a otras publicaciones de la EPA que pueden ser bajadas en formato PDF. Disponible en: *www.epa.gov/iaq/molds/moldresources.html*

- **Qué Debe Hacer Después de una Crecida de Agua o Inundación Repentina.** Cruz Roja de los Estados Unidos. Disponible en versión impresa en su oficina local de la Cruz Roja o al escribir pidiendo la publicación a la siguiente dirección: FEMA, P.O. Box 2012, Jessup, MD 20794-2012. También disponible en: *www.redcross.org/services/disaster/0,1082,0_570_,00.html*

Structural Damage

Chapter 1 described how to clean and prepare a flood-damaged house for rehab work. Chapter 2 covers the rehab work typically found in a flood-damaged home. To be suitable for rehab, a house must be structurally sound. The first step is to determine if the structure is sound from the roof to the foundation. This is the structural "load path," which starts at the roof and ends at the foundation. Start your inspection from the foundation and work up to the roof. Damaged or missing structure must be repaired or replaced depending on the nature of the failure, which is a discussion that is beyond the scope of this guidebook.

Inspect the Foundation for Structural Damage

Houses with concrete block or brick piers and foundations should be checked for potential structural damage.

- Check for erosion. If bearing material under footings has been washed away, fill spaces to within 1 foot of the the footing with gravel or crushed rock. Fill the remaining space with concrete reinforced with steel rods.
- Verify that the floodwaters have not deteriorated mortar joints and weakened the foundation.
- Visually inspect the foundation around the house's perimeter and beneath it.
- Check footings to be sure mortar has not been washed out of joints between the bricks and block. If a significant amount of mortar has been lost but the pier or foundation still has sufficient structural integrity, the missing mortar can be replaced without dismantling the pier or foundation. An appropriate mortar should be tooled into the joints to refill the voids and reestablish the overall structural integrity of the foundation.

Daño Estructural

El Capítulo 1 describe cómo limpiar una casa dañada por una inundación y prepararla para el trabajo de rehabilitación. El Capítulo 2 cubre la obra de rehabilitación que típicamente se realiza en una casa dañada por una inundación. La casa debe estar estructuralmente firme para ser apta para una rehabilitación. El primer paso es determinar si la estructura está firme desde el techo hasta los cimientos. Esta es la "ruta de carga" estructural, que empieza en el techo y termina en los cimientos. Empiece su inspección en los cimientos y trabaje hasta el techo. Las partes de la estructura que estén deterioradas o que fallen deben ser reparadas o reemplazadas dependiendo de la naturaleza del daño, y que está fuera del alcance de esta guía.

Inspeccione los Cimientos para Ver si Hay Daño Estructural

Las casas con pilotes o cimientos de bloques de hormigón o ladrillo deben ser examinadas para asegurar su integridad estructural.

- Si el material de soporte de carga debajo de las zapatas ha sido deslavado, llene los espacios con grava o piedra molida hasta una distancia de 1 pie de la zapata. Llene el resto del espacio con hormigón reforzado y varillas de acero.
- Verifique que las crecidas de agua no hayan deteriorado las juntas de mortero y debilitado la cimentación.
- Inspeccione los cimientos alrededor del perímetro de la casa y debajo de ella.
- Revise las zapatas para ver si el mortero ha sido deslavado de las juntas de los ladrillos y del bloque. Si ha perdido una cantidad significativa de mortero pero el pilote o los cimientos todavía tienen integridad estructural suficiente, el mortero perdido puede ser reemplazado sin desmontar el pilote o los cimientos. Un mortero apropiado debe ser adecuado para caber en las juntas para así llenar los vacíos y reestablecer la integridad estructural de la cimentación en general.

Inspect Floor, Wall, and Roof Structure for Damage

- If the foundation appears sound, move next to inspecting floors and walls that bear the foundation.
- Determine if the house has shifted on its foundation.
- Look for cracked or missing rim joists, floor plates, studs, and columns.
- Inspect for cracked, sagging, or missing floor joists.
- Look for floors that are not level, or are sagging or cracking.
- Inspect for cracks above windows and doors— they might indicate damaged lintels.
- Inspect for interior bearing walls that might be cracked, sagging, or collapsed.
- Note walls that appear to be out of plumb.
- Look for sagging ceilings that might indicate collapse of the floor above.
- Inspect stairs for shifting, sagging, cracks, or loose treads and risers before using.
- Look for cracks, sagging, or collapse along the roof ridges, gable ends, under roof eaves, and top plates of walls where the roof bears on the wall structure.
- Inspect for cracked, sagging, collapsed, or missing roof trusses, rafters, ridge posts, and ceiling joists.

Inspect and Treat for Molds and Pests

- After wood is dry, spray-treat the framing and wall cavities with a non-volatile antimicrobial that is registered by the EPA for that use.
- All pesticides should be applied according to label directions by a licensed, certified pest control technician.
- Borate products supplemented with a mold-control agent are recommended because borates are biocidal to bacteria and wood-decaying fungi as well as insects such as termites and roaches. The mold-control agent must be added to increase the biocidal activity of borates to mold fungi.

Inspeccione la Estructura de los Pisos, las Paredes y el Techo

- Si los cimientos parecen seguros, siga con la inspección de los pisos y las paredes que soportan los cimientos.
- Determine si la casa se ha desplazado sobre sus cimientos.
- Verifique si hay grietas o si faltan trabes, bases de paredes, barrotes o columnas.
- Inspeccione si las vigas de piso están agrietadas y hundidas, o si faltan.
- Revise si los pisos están desnivelados o si están hundidos o agrietados.
- Revise si hay grietas sobre las ventanas y puertas. Esto puede indicar que hay dinteles dañados.
- Inspeccione los muros de carga interiores para ver si están agrietados, hundidos o derrumbados.
- Busque paredes que estén desplomadas.
- Revise techos hundidos que puedan indicar que el piso de arriba se ha derrumbado.
- Antes de usar las escaleras, asegúrese que no estén desplazadas, hundidas o agrietadas, o si las huellas y los peraltes están sueltos.
- Busque grietas, hundimientos o derrumbamientos a lo largo de las cumbreras, los picos de los techos de dos aguas, bajo los aleros del techo y las placas superiores de las paredes, donde el techo descansa en la estructura de las paredes.
- Inspeccione que las armadoras, cabrios, cumbreras y vigas del techo no estén agrietadas, hundidas o derrumbadas.

Inspeccione y Trate el Moho y las Plagas

- Después de secar la madera, déle un tratamiento a la estructura y a los huecos de las paredes con un antimicrobial no volátil. La Agencia de Protección Ambiental (EPA, por sus siglas en inglés) tiene una lista de productos registrados para este fin.
- Todos los pesticidas deben ser aplicados de acuerdo con las instrucciones en la etiqueta por un técnico con licencia y titulado en control de plagas.

- One EPA-registered product that is labeled for use on wood for controlling wood-inhabiting insects and fungi, including molds, is ***Bora-Care with Mold-Care*** by Nisus Corporation (*www. nisuscorp.com*). This product contains both borate and a mold control agent.

Inspect Damaged Materials

Inspect the house's materials for damage that will require replacement. Some materials might be salvageable. If damage is too severe, materials must be discarded safely before rehab work can begin.

- Wallboard. Most ceilings and walls are covered with wallboard, especially in newer homes. If floodwaters soaked the wallboard at least 4 feet above the floor, you should take down all the wallboard and replace it. Wallboard that has been soaked by floodwater presents a permanent health hazard and should be removed. If the wallboard was soaked by clean rainwater, it can be dried in place with plenty of fresh air moving through the area.

- Plaster. Plaster will survive a flood better than gypsum wallboard. Sometimes the plaster will separate from the wood laths as it dries. If this happens, the plaster layer will have to be removed and replaced.

- Insulation. There are three main types of insulation and each is affected by flooding differently. Rigid insulation such as polystyrene (typically called Styrofoam) survives best; it may only need to be hosed off. Fiberglass batts should be discarded if wet. Cellulose (loose or blown-in treated paper) insulation will hold water for a long time. It can also lose its antifungal and fire retardant abilities. Flooded cellulose insulation should be replaced.

- Se recomienda utilizar un producto con borato complementado con un agente para el control de moho porque el borato es biocida para bacterias y hongos de pudrición de madera, al igual que para insectos como las termitas y las cucarachas. El agente de control de moho debe ser agregado para incrementar la actividad del biocida en contra de los hongos de moho.
- ***Bora-Care with Mold-Care*** es un producto registrado por la EPA para el control de insectos y hongos (incluyendo el moho) que viven en la madera. Este producto, de la empresa Nisus (*www.nisuscorp.com*), contiene borato complementado con un agente de control de moho.

Inspeccione Materiales Dañados

Revise los materiales de la casa que por el daño necesitan ser reemplazados. Algunos materiales podrían ser rescatables. Si el daño es demasiado grave, los materiales deben ser descartados de manera segura antes de que el trabajo de rehabilitación pueda comenzar.

- Panel de yeso ("drywall" en inglés). La mayoría de los techos y las paredes están cubiertos por paneles de yeso ("drywall" en inglés), especialmente en las casas más nuevas. Si las crecidas de agua remojaron el panel de yeso hasta 4 pies por encima del piso, todo el panel de yeso debe ser derribado y reemplazado. El panel de yeso que se mojó por la crecida del agua presenta un riesgo permanente para la salud y debe ser retirado. Si el panel de yeso se mojó con agua de lluvia limpia, éste puede ser secado en su sitio con suficiente flujo de aire fresco.

- Yeso. El yeso sobrevivirá una inundación mejor que el panel de yeso ("drywall en inglés). A veces el yeso se separará de los barrotes de madera en el curso del secado. Si esto sucede, entonces la capa de yeso tendrá que ser retirada y reemplazada.

- **Wood.** If allowed to dry naturally, wood will generally regain its original shape. Wood studs and sills that will be covered by new wallboard and painted, so they are well removed from human contact, do not need to be replaced if they are allowed to dry properly. Sheathing of individual boards, plywood, or oriented strand board (OSB) might be kept if it is not soaked for too long. Plywood and OSB will swell and delaminate if they stay wet.

- **Ceilings.** If the floodwaters went above the ceiling, it should be replaced if it is made of wallboard. Even though the water may not have reached the ceiling, high humidity from the floodwater may trigger swelling of the gypsum board above, causing it to pull loose from the ceiling framing. Check the ceiling by pressing up on it; if nailheads appear on the surface, there is some damage. Renailing and refinishing are the minimum remedy; replacement might be necessary. A plaster ceiling will dry eventually, but if it has too many cracks or sags, you will have to tear it down and replace it.

- **Sub-flooring.** Air needs to circulate around flooded sub-floors so they can dry out. If the house's crawl space is flooded, pump it out. Remove any plastic sheets, vapor barriers, or insulation from beneath the sub-floor. (Replace them when the sub-floor and foundation are completely dry.)

- **Floor coverings.** Carpeting and padding that have been soaked with floodwater may contain high amounts of bacteria and mold that are hazardous to health. Leaving such carpet inside will greatly inhibit the overall drying process of the remainder of the structure. Remove it. Floor covering other than carpet, such as vinyl, vinyl asbestos, and vinyl composition tile, may curl at the edges and the adhesive might not keep secured to the floor. Removal and replacement

- **Aislantes térmicos.** Hay tres tipos principales de aislantes térmicos y una inundación afecta cada uno de manera diferente: el aislante rígido como el poliestireno (típicamente llamado hule espuma) sobrevive mejor; es posible que solamente necesite ser lavado con manguera. Los aislantes de fibra de vidrio deben ser descartadas si están mojadas. El aislante de celulosa (papel tratado suelto o soplado en sitio) retiene el agua por mucho tiempo. También puede perder su carácter antifungal y retardador de fuego. Aislantes de celulosa que hayan sido inundados deben ser reemplazados.

- **Madera.** Si se deja secar naturalmente, la madera por lo general recobra su forma original. Los barrotes y umbrales de madera que han sido mojados tendrán que ser cubiertos de nuevo con paneles de yeso ("drywall" en inglés) y pintados para así estar alejados del contacto humano. Barrotes y umbrales de madera mojados no necesitan ser reemplazados si se les permite secarse adecuadamente. El cubrimiento de tablas individuales, aglomerado de madera ("plywood" en inglés) o tabla OSB (tablero de virutas orientadas o OSB, por sus siglas en inglés) podrían utilizarse si no han estado empapados por largo tiempo. El aglomerado de madera ("plywood" en inglés) y la tabla OSB se hincharán y delaminarán si permanecen mojadas.

- **Techos.** Si las crecidas de agua ascendieron por encima del techo, deberá reemplazarlo si está construido con paneles de yeso ("drywall" en inglés). Aún si el agua no llegó al techo, la alta humedad de la crecida podría provocar que la tabla más alta de yeso se hinche, ocasionando que se desprenda de la estructura del techo. Examine el techo presionándolo hacia arriba; si las cabezas de clavos aparecen, hay daño. El remedio mínimo es volver a clavar y reacabar, pero puede que sea necesario reemplazar el techo. Un plafón de yeso se secará eventualmente, pero si tiene demasiadas grietas o está hundido tendrá que derribarlo y reemplazarlo.

most likely will be necessary. Floor coverings such as clay or ceramic tile will generally weather the flood well. However, the sub-flooring to which the clay or ceramic tile may be attached may not dry out satisfactorily, leading to the removal of these types of flooring as well. Flooring containing asbestos should be removed by an expert.

- **Walls.** Remove water trapped within the walls. To check for water behind wallboard, take off the baseboard. Stick an awl or knife into the wall about 2 inches above the floor (just above the 2x4 wood sill plate). If water drips out, cut or drill a hole large enough to allow water to drain freely. (Use a cordless drill or saw to avoid shock.) For plaster walls, drill a hole above the sill plate to drain the water. Do not use a hammer or chisel on plaster because the plaster could shatter.

- **Wallcoverings.** Vinyl wallcoverings will blister, peel, and debond after flooding. This may damage the surface of the gypsum board and inhibit drying of the substrate or wall system. Wallpaper paste is a favorite home for mold and mildew. Remove all wallcoverings that became wet and throw away.

- **Doors and cabinets.** Doors and cabinets are usually constructed of wood, which will swell and become unusable if flooded. Plywood or particle board may fall apart after flooding. Doors other than solid wood are also made with veneers. The problem of delamination of plywood and doors will not appear for several days, but will be obvious when the plywood or doors begin to peel away from the substrate. Solid wood or wood panel doors have a better survival rate.

- **Base de piso.** El aire necesita circular alrededor de las bases de piso inundadas para que sequen. Si el espacio libre debajo de la casa está inundado, bombéelo. Retire cualquier hoja de plástico o aislante debajo de la base de piso. (Reemplácelos cuando la base de piso y los cimientos estén completamente secos.)

- **Revestimientos de pisos.** Las alfombras y los rellenos que han estado empapados por la crecida de agua pueden contener altas cantidades de bacterias que son peligrosas para la salud. Dejar la alfombra mojada dentro de la casa impedirá que el resto de la estructura se seque. Remuévala. Otros revestimientos para pisos aparte de alfombra, tales como vinilo, asbestos de vinilo y azulejos de vinilo, podrían rizarse para arriba en los bordes y es posible que el pegante no esté asegurándolos al piso. Lo más probable es que necesite reemplazarlos. Los revestimientos para pisos como los azulejos de arcilla o cerámica por lo general soportarán la inundación bien. Sin embargo, puede que la base de piso a los cuales los azulejos de arcilla o cerámica estan pegados no pueda secarse satisfactoriamente y resulte necesario remover estos pisos también. Pisos que contengan asbestos deben ser removidos por un experto.

- **Paredes.** Retire el agua atrapada dentro de las paredes. Para revisar si hay agua detrás de los paneles de yeso ("drywall" en inglés), retire los zócalos. Clave un punzón o cuchillo en la pared aproximadamente a 2 pulgadas del piso (justo arriba de la solera inferior de madera de 2x4 pulgadas). Si gotea agua, corte o perfore un agujero suficientemente grande para permitir que el agua corra libremente. (Use un taladro inalámbrico o una sierra para evitar una descarga eléctrica). Para paredes de yeso, perfore un agujero encima de la solera inferior para drenar el agua. No use un martillo o cincel porque el yeso podría hacerse añicos.

Saving Materials

Based on the extent of damage, some materials might be able to be saved. Follow these steps for salvage:

- **Brick exterior wall.** Exterior brick sheathing generally will not be damaged if the weep holes (slots near the bottom of the brick face) are free and open to allow for the water within the wall to drain out and the air to enter and assist in drying the cavity between the exterior sheathing and the back side of the brick. If weep holes are blocked with debris or silt, clean them out. Removal of a brick at the base of the wall every 48 inches or so will aid the drying. If done properly, the mortar can be cut around a brick and the brick saved for replacement. In some extreme cases, brick(s) at the top of the wall may need to be removed.

- **Revestimientos de pared.** Los empapelados de vinilo se ampollarán y despegarán después de una inundación. Esto puede dañar la superficie del panel de yeso ("drywall" en inglés) e impedir el secado del substrato o el sistema de pared. La goma para empapelar da albergue a moho. Quite y bote todos los revestimientos de paredes que se hayan mojado.

- **Puertas y gabinetes.** Las puertas y los gabinetes son usualmente hechos con madera, lo cual generalmente se hincha si se moja, haciéndolos entonces inutilizables. El aglomerado de madera ("plywood" en inglés) puede deshacerse al mojarse. Las puertas que no son de madera sólida son hechas con revestimientos. Los problemas de delaminación del aglomerado de madera ("plywood" en inglés) y la separación de los revestimientos de las puertas no aparecerán por unos días, pero serán obvios cuando el aglomerado de madera o los revestimientos de las puertas empiecen a separarse del substrato. La madera sólida o las puertas de paneles de madera tienen mejores proba bilidades de sobrevivir.

Rescate de Materiales

Dependiendo de la extensión del daño, algunos materiales tal vez puedan ser rescatados. Siga estos pasos para la recuperación de estos materiales:

- **Paredes exteriores de ladrillo.** El ladrillo exterior por lo general no se deteriora si los agujeros de drenaje (huecos cerca de la parte inferior de la cara del ladrillo) estan libres y abiertos para permitir que el agua dentro de la pared salga afuera y para que el aire entre y ayude a secar la cavidad entre el entablado exterior y la parte trasera del ladrillo. Si los agujeros de drenaje están bloqueados con escombros o sedimento, límpielos. Retirar un ladrillo de la base de la pared cada 48 pulgadas ayudará con el secado. Hecho correctamente, es posible cortar el mortero alrededor de un ladrillo y guardar el ladrillo para reinsertar. En algunos casos extremos, puede ser necesario retirar ladrillos de la parte superior de la pared.

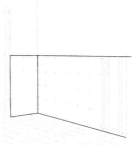

2-A
Installation of wallboard horizontally
Tablero instalado de lado

- **Concrete block wall.** Cavities in a concrete block wall will drain on their own. The water will not damage the concrete.

- **Wood-clad exterior wall.** Remove water-damaged wood siding and sheathing. Inspect wood-sided walls to ensure there are at least 8 inches between any wood and the earth. While wall cladding is removed, check the wall anchorage to foundation to determine if it can be improved to provide enhanced protection in a future storm.

- **Wallboard.** If the water level was above the baseboard but less than four feet, remove the lower 4 feet of wallboard. [2-A] The gap can be filled with 4x8 sheets installed sideways (above 4 feet, replace the entire sheet of wallboard). If there is polystyrene insulation or no insulation, and the wallboard was soaked with clean rainwater, the walls can be dried without removing the wallboard. Batt insulation (not polystyrene) that is wet must be removed. Large holes in otherwise undamaged wall surfaces can be patched with quick-setting joint compound and fiberglass tape, which perform better under flood conditions than standard drywall compound and paper joint tape.

- **Plaster walls.** If the plaster or wallboard is clean and in good shape, you can drill or cut ventilating holes in each wall cavity. Place holes low enough so they will be covered by the baseboard after the wall dries out. Open up the wall on both sides of interior walls. For exterior walls, drill or cut holes on the inside of the house. For repairs, use quick-setting joint compound and fiberglass tape, which perform much better under flood conditions than standard drywall compound and paper joint tape.

- **Hormigón.** Las cavidades en una pared de bloques de hormigón drenarán por sí mismas. El agua no dañará el hormigón.

- **Paredes exteriores revestidas de madera.** Retire todo forro y revestimiento de madera que esté dañado por el agua. Inspeccione las paredes revestidas de madera para asegurarse de que hayan por lo menos 8 pulgadas entre cualquier madera y la tierra. Mientras el revestimiento de la pared está retirado, verifique el anclaje de la pared para determinar si puede ser mejorado y así mejorar la protección para una futura tormenta.

- **Panel de yeso ("drywall" en inglés).** Si el nivel de agua estaba por encima del zócalo pero a menos de 4 pies de altura, retire los 4 pies más bajos del panel de yeso ("drywall" en inglés). [2-A] El vacío puede ser cubierto con tableros de 4x8 instalados de lado (si el agua llegó por encima de los 4 pies, reemplace el tablero entero). Si hay aislante térmico de poliestireno o no hay aislante, pero el panel de yeso ("drywall" en inglés) estaba empapado con lluvia limpia, las paredes pueden secarse sin retirar los tableros. El aislante en bloques (no poliestireno) que esté mojado debe ser retirado. Agujeros grandes que se encuentren en paredes que están intactas pueden ser parchados con un compuesto para juntas de fraguado rápido y cinta de fibra de vidrio, que funcionan mejor bajo las condiciones de una inundación que la combinación usual de compuesto para paneles de yeso ("drywall" en inglés) y cinta de papel para juntas.

- **Yeso.** Si el yeso o el panel de yeso ("drywall" en inglés) están limpios y en buenas condiciones, puede taladrar o cortar agujeros de ventilación en cada cavidad de la pared. Ubique los agujeros lo suficientemente abajo para que queden cubiertos por los zócalos después de que la pared haya secado. Para las paredes interiores, ábralas por los dos lados. Para las paredes exteriores, taladre o corte agujeros en el interior de la casa. Para las reparaciones, use un compuesto para juntas de fraguado rápido y cinta de fibra de vidrio, que funcionan mejor bajo condiciones de inundación que la combinación usual de compuesto de yeso y cinta de papel para juntas.

- **Paneling.** Carefully pry the bottom of each panel away from the wall to release water in the cavity. If there is wet insulation, remove the paneling in order to take out all the insulation.

- **Sub-flooring.** Sub-flooring might be saved if it is solid; plywood will probably need to be replaced if the layers delaminate, as will OSB if it swells. The sub-floor will dry through its bottom side, so wet floor insulation should be removed and the floor framing and sub-floor should be allowed to dry thoroughly before new floor insulation is installed. With no floor insulation, the sub-flooring generally dries well.

- **Finished wood flooring.** A tongue-and-groove floor exposed top and bottom dries out quickly and can usually be saved. Tongue-and-groove wood flooring on plank sub-flooring can be saved, but water trapped between the layers may have warped the floor beyond saving. If cost-effective, wood flooring should be removed, washed, and stacked under weight during the drying process. If the floor is not removed and is still warped in places when it is dry, remove strips adjacent to the bulges and plane them on their edges. This will give more space for the warped boards to flatten out in time. Some buckled flooring may be drawn into place by nailing the bulged spots. Some bumps may be removed by planing or sanding. Heavily planed or sanded floors, though unsuitable to be used uncovered, can serve as a base for new flooring or for carpet or resilient floor covering.

- **Plumbing fixtures.** Sinks and toilets can generally be saved and reused after cleaning if they are not cracked or broken. Free-standing shower stalls might also be saved. Showers integral with a tile wall will usually need to be removed, as the wallboard will be too damaged. If the substrate walls around the shower are made of concrete backerboard, they can usually be saved.

- **Paneles.** Saque con cuidado la parte inferior de cada panel de la pared para drenar el agua de la cavidad. Si hay aislante mojado, retire el panel para sacar todo el aislante.

- **Piso de base.** Si el piso de base es de madera sólida, es posible que pueda ser rescatado. Si es de aglomerado de madera ("plywood" en inglés), probablemente necesitará ser reemplazado si las capas se separan, al igual que si se hincha el OSB. Como el piso de base se secará a través de su lado inferior, el aislante mojado del piso debe ser retirado. La estructura de piso y base de piso deben secarse totalmente antes de que se instale un nuevo aislante de piso. Sin aislante, el piso de base, por lo general, se seca bien.

- **Pisos de madera.** Un piso machihembrado comúnmente puede ser rescatado si se seca rápidamente por arriba y abajo. Aunque pisos machihembrados sobre pisos de base de tabla pueden ser rescatados, es posible que el agua atrapada entre las capas haya deformado el piso acabado más allá de las posibilidades de reparación. Si es razonable en términos de costos, el piso de madera debe ser retirado, lavado y apilado bajo un peso durante el proceso de secado. Si el piso no se retira y todavía queda deformado en algunas áreas, cuando esté seco extraiga tiras adyacentes a los pandeos y aplánelas en los bordes. Esto creará mas espacio para permitir que las tablas deformadas se aplanen con el tiempo. Es posible remendar algunos pisos pandeados colocando clavos en los puntos. Algunos bordes se pueden lijar o allanar. Los pisos que se lijaron o allanaron mucho, aunque no se puedan utilizar como revestimiento, si pueden servir como base para pisos nuevos, alfombra o pisos elásticos.

Remove Surface Mildew

Salvaged materials and surfaces subjected to flooding might contain mildew. Follow these steps to remove mildew growth:

- Scrub mildewed floors and woodwork with a mild alkaline solution such as washing soda or tri-sodium phosphate (4 to 6 tablespoons to a gallon of water), available in paint and grocery stores. Or use a cloth dipped in a mixture of borax dissolved in hot water.
- Rinse with clear water.
- Wipe clean floors dry with old towels.
- Allow wood to dry thoroughly (test with a moisture meter if you've got one).
- Apply a mildew-resistant paint after woodwork has thoroughly dried.

- Accesorios y Muebles para Baño. Generalmente, los lavamanos y tazas de baño (excusados, sanitarios, retretes, inodoros) pueden ser rescatados y reusados después de limpiarlos si no están agrietados o descompuestos Cabinas o compartimientos de regadera (ducha) independientes de las paredes también pueden ser rescatados. Las regaderas que incorporan una pared de azulejo necesitarán ser retiradas si el tablero está demasiado dañado. Si los sustratos de las paredes alrededor de la regadera son de tabla de cemento, generalmente pueden ser rescatados.

Limpie Moho de Superficies

Materiales rescatados y superficies expuestas a una inundación podrían contener moho. Para evitar el crecimiento de éste, siga estos pasos:

- Friegue los pisos y piezas de madera afectados por moho con una solución alcalina suave, por ejemplo soda cáustica o fosfato trisódico (4 a 6 cucharadas por cada galón de agua) que se pueden adquirir en una tienda de pinturas o en el supermercado. También se puede utilizar un trapo sumergido en una mezcla de bórax disuelto en agua caliente.
- Enjuague con agua limpia.
- Seque los pisos con toallas viejas.
- Deje que la madera se seque bien (evalúe con un probador de humedad, si tiene).
- Una vez que las piezas de madera se secaron, aplique una pintura resistente al moho.

Rehabbing the Electrical System

With the electrical service turned off, the house's electrical system can be inspected and rehabbed. The easiest solution in a flood is to replace switches and outlets that have been flooded. However, it might be possible to dry them for rehab. This work should be done by a licensed electrician.

- Wear rubber gloves and rubber-soled boots when working on electrical circuits.
- Use extreme caution in cleaning mud and dirt from the main entrance box. Because the power line enters here, it is the most hazardous part of the electrical system to work on. Assume the service line is hot even if a test shows power is off. In an emergency, pull the electrical meter from its base to disconnect the power. Notify the electric company that you broke the seal, lock, or tag.
- Remove the covers from switches, convenience outlets, and other electrical connections. Pull receptacles, switches, and wires about 2 inches out from their boxes. Do not disconnect the wires.
- Let electrical wires and connectors dry completely. This may take days depending on how wet the system is.
- Check the system for electrical shorts. Stand on a dry board or ladder and wear rubber gloves and rubber-soled shoes. Check the main switch box to be sure all fuses are removed or breakers are open (off position).
- Close the main switch (turn the electrical power on) and look for sparks or smoking wires. These indicate shorted switch connections.
- If the switch is in working order, open the switch and insert a fuse in one branch circuit or close the circuit breaker. Close the switch to check for shorts in that branch circuit. If the fuse doesn't blow or the breaker trips immediately, wait at least 15 minutes to check for slower electrical leaks.

Rehabilitando el Sistema Eléctrico

Con el servicio eléctrico desconectado, el sistema eléctrico de la casa puede ser revisado y rehabilitado. La solución más fácil tras una inundación es reemplazar los interruptores y tomacorrientes que han sido inundados. Sin embargo, podría ser posible secarlos para la rehabilitación. Este trabajo debe ser hecho por un electricista con licencia.

- Utilice guantes de goma y botas con suelas de goma cuando trabaje con circuitos eléctricos.
- Tenga mucha cautela al limpiar lodo y tierra de la caja de entrada principal. Esta es la parte más peligrosa del sistema eléctrico porque la línea de alimentación entra por aquí. Asuma que la línea del servicio está "viva" a pesar de que una prueba muestre que está apagada. En una emergencia, jale el medidor eléctrico de su base para desconectar el poder. Notifique a la compañía de servicio eléctrico que usted rompió el sello, cerradura o etiqueta.
- Saque las coberturas de los interruptores, enchufes auxiliares y otras conexiones eléctricas aproximadamente 2 pulgadas fuera de sus cajas. No desconecte los cables.
- Deje que los cables y los conectores eléctricos se sequen completamente. Esto podría tomar unos días dependiendo en qué tan mojado está el sistema.
- Revise que el sistema no tenga corto circuitos eléctricos. Párese en una tabla o escalera seca y utilice guantes y zapatos con suelas de goma. Revise la caja de fusibles principal para asegurarse de que todos los fusibles hayan sido retirados o que cada interruptor de circuito esté en la posición de apagado ("OFF").
- Cierre el interruptor principal (prenda el poder eléctrico—"ON") y fíjese si hay chispas o cables humeantes.

- If there are any signs of smoking or heating, if the fuse blows or circuit breaker trips, remove all fuses and open the main switch. You may need to do additional cleaning or drying, or you may possibly need to replace circuit parts.
- After all circuits have been checked and found in good condition, once again remove all fuses or open the breakers and open the main switch. Replace wires for electrical receptacles, switches, and light outlets in junction boxes. Replace covers, then check each branch circuit again by replacing one fuse at a time and closing the main switch.

- Si el interruptor está funcionando, ábralo e inserte un fusible en un circuito de rama o ciérrelo. Apague el interruptor para buscar cortos en ese circuito de rama. Si el fusible no se funde o el interruptor no se desconecta inmediatamente, espere al menos 15 minutos y busque fugas eléctricas más lentas.
- Si hay señales de humo o de calentamiento, el fusible se funde o el interruptor se desconecta, retire todos los fusibles y abra el interruptor principal. Es posible que necesite hacer más limpieza o secado o deba reemplazar partes del circuito.
- Después de que todos los circuitos hayan sido probados y estén en buenas condiciones, retire todos los fusibles otra vez y apague los interruptores y el interruptor principal. Reemplace cables para recipientes eléctricos, apagadores y enchufes para luces. Reemplace las coberturas y revise cada circuito de rama de nuevo reemplazando un fusible a la vez y prendiendo el interruptor principal.

Information Resources

- **American Institute of Architects (AIA) Disaster Assistance Program.** The AIA Disaster Assistance Program provides resources and support to architects helping communities recover from a disaster. Information available at: *www.aia.org/liv_disaster*

- **Answers to Questions About Substantially Damaged Buildings (FEMA-213).** Federal Emergency Management Agency (FEMA), May 1991. Can be downloaded for free at the FEMA website: *www.fema.gov/library/viewRecord.do?id=1636*

- **Controlling Mold Growth When Cleaning Flooded and/or Rain-Wetted Homes.** Terry L. Amburgey. Mississippi State University Department of Forestry. Available at: *http://msucares.com/forestry/disaster/14e-mold.pdf*

- **Design Manual for Retrofitting Flood-Prone Residential Structures (FEMA-114).** Federal Emergency Management Agency (FEMA), 1986. This detailed manual explains floodproofing options in layman's language. Available from the FEMA Distribution Center, 8241-A Sandy Court, P.O. Box 2012, Jessup, MD 20794; or at the FEMA website: *www.fema.gov/library/viewRecord.do?id=1414*

- **The Disaster Handbook (1998 National Edition).** Institute of Food and Agricultural Services, University of Florida. Available at: *http://disaster.ifas.ufl.edu/masterfr.htm*

Recursos de Información

- **Programa de Asistencia para Desastres del Instituto Americano de Arquitectos (AIA, por sus siglas en inglés).** El Programa de Asistencia para Desastres del AIA provee recursos y apoyo a arquitectos que prestan sus servicios a comunidades que se recuperan de un desastre. Información disponible en: *www.aia.org/liv_disaster*

- **Respuestas a Preguntas sobre Edificios Considerablemente Dañados (FEMA-213).** Agencia Federal para el Manejo de Emergencias (FEMA, por sus siglas en inglés), mayo 1991. Puede ser descargado gratuitamente del sitio web de FEMA: *www.fema.gov/library/viewRecord.do?id=1636*

- **Control del Crecimiento de Moho al Limpiar Casas Inundadas y/o Mojadas por Lluvia.** Terry L. Amburgey. Departamento de Silvicultura de la Universidad Estatal de Mississippi. Disponible en: *http://msucares.com/forestry/disaster/14e-mold.pdf*

- **Manual de Diseño para Actualizar Estructuras Residenciales Propensas a Inundaciones (FEMA-114).** Agencia Federal para el Manejo de Emergencias (FEMA, por sus siglas en inglés), 1986. Este manual detallado explica opciones para garantizar la seguridad de la casa ante una inundación en términos cotidianos. Disponible del Centro de Distribución de FEMA, 8241-A Sandy Court, P.O. Box 2012, Jessup, MD 20794. También disponible en el sitio web de FEMA: *www.fema.gov/library/viewRecord.do?id=1414*

- **Elevated Residential Structures (FEMA-54).** Federal Emergency Management Agency (FEMA), 1984. Available from the FEMA Distribution Center, 8241-A Sandy Court, P.O. Box 2012, Jessup, MD 20794; or at the FEMA website:
  www.fema.gov/hazard/flood/pubs/lib54.shtm

- **The Rehab Guide Volumes 1 – 9.** U.S. Department of Housing and Urban Development (HUD). The Rehab Guide is intended as a guide for architects, builders, contractors, and homeowners to state-of-the-art innovative home building materials, products, technologies, and techniques. Available at:
  www.huduser.org/publications/destech/rehabgds. html

- **Mold Removal Guidelines for Your Flooded Home.** The Louisiana State University (LSU), Agricultural Center (AgCenter), 2006. Available at:
  www.lsuagcenter.com/NR/rdonlyres/CABFF19A-1781-4C7E-B58C-1588F203A588/29666/Pub2949BMoldRemovalFINAL1.pdf

- **El Manual de Desastres (Edición Nacional 1998).** Instituto de Alimentos y Servicios Agropecuarios de la Universidad de Florida. Disponible en:
  http://disaster.ifas.ufl.edu/masterfr.htm

- **Estructuras Residenciales Elevadas (FEMA-54).** Agencia Federal para el Manejo de Emergencias (FEMA, por sus siglas en inglés), 1984. Disponible en versión impresa en el Centro de Distribución de FEMA, 8241-A Sandy Court, P.O. Box 2012, Jessup, MD 20794. También disponible en el sitio web de FEMA:
  www.fema.gov/hazard/flood/pubs/lib54.shtm

- **El Manual de Rehabilitación Volúmenes 1 - 9.** Departamento de Vivienda y Desarrollo Urbano de EE.UU. (HUD, por sus siglas en inglés). Este manual es una guía que intenta introducir arquitectos, constructores, contratistas y propietarios a materiales, productos, tecnologías y técnicas novedosas y de vanguardia en cuanto a la construcción de viviendas. Disponible en:
  www.huduser.org/publications/destech/rehabgds. html

- **Guía para Retirar el Moho de su Casa Inundada.** Centro Agropecuario de la Universidad Estatal de Louisiana, 2006. Disponible en:
  www.lsuagcenter.com/NR/rdonlyres/CABFF19A-1781-4C7E-B58C-1588F203A588/29666/Pub2949BMoldRemovalFINAL1.pdf

- **PATH - Recommendations to Help You Recover From a Flood.** U.S. Department of Housing and Urban Development (HUD). Recommendations based on findings from the Oak Ridge National Laboratory field tests of flood damage-resistant housing materials. Available at: *www.pathnet.org/sp.asp?id=12574*

- **Repairing Your Flooded Home.** American Red Cross, 1992. Available as a book from your local Red Cross chapter or by writing for publication, FEMA-234, ARC 4477, to FEMA, P.O. Box 2012, Jessup, MD 20794-2012; or at: *www.redcross.org/services/disaster/0,1082,0_570_,00.html*

- **Safe and Healthy Rebuilding of Flood-Damaged Homes.** Dennis Livingston and The Alliance for Healthy Housing, 2006. Available at: *http://www.afhh.org/res/res_pubs/shrfdh.pdf*

- **Tips for Drying Out a Water-Damaged Building.** North Carolina Department of Cultural Resources, 1998. An information sheet about drying out water-damaged historic structures. Available at: *www.hpo.dcr.state.nc.us/dryout.htm*

- **Treatment of Flood Damaged and Older Buildings.** National Trust for Historic Preservation, 1993. Offers solutions to technical preservation issues regarding floods and historic buildings. Available at: *www.mainstreet.org/content.aspx?page=9415&section=3&kbentry=2478*

- **PATH (Alianza para Avanzar la Tecnología de Vivienda) - Recomendaciones para Ayudarle a Recuperarse de una Inundación.** Departamento de Vivienda y Desarrollo Urbano de los EE.UU. (HUD, por sus siglas en inglés). Recomendaciones basadas en los hallazgos de las pruebas de campo del Laboratorio Nacional Oak Ridge sobre materiales de vivienda resistentes a daños ocasionados por inundaciones. Disponible en: *www.pathnet.org/sp.asp?id=12574*

Reparando su Hogar Inundado. Cruz Roja de los Estados Unidos, 1992. Disponible en versión impresa en su oficina local de la Cruz Roja o al escribir pidiendo la publicación FEMA-234, ARC 4477 a la siguiente dirección: FEMA, P.O. Box 2012, Jessup, MD 20794-2012. También disponible en: *www.redcross.org/services/disaster/0,1082,0_570_,00.html*

- **Reconstruyendo Casas Dañadas por Inundaciones de Manera Segura y Sana.** Dennis Livingston y La Alianza para Vivienda Sana, 2006. Disponible en: *http://www.afhh.org/res/res_pubs/shrfdh.pdf*

- **Sugerencias para Secar un Edificio Dañado por Agua.** Departamento de Recursos Culturales del Estado de Carolina del Norte, 1998. Una hoja de información para secar estructuras históricas dañadas por agua. Disponible en: *www.hpo.dcr.state.nc.us/dryout.htm*

- **El Tratamiento de Edificios Dañados por Inundación y Edificios Viejos.** Fideicomiso Nacional para la Preservación del Patrimonio Histórico, 1993. Ofrece soluciones para problemas técnicos de preservación respecto a inundaciones y los edificios históricos. Disponible en: *www.mainstreet.org/content.aspx?page=9415&section=3&kbentry=2478*

Flood-Resistant Construction

Types of Flood Resistance

Approaches to making a house flood-resistant fall into two general categories: active and passive.

- **Active flood resistance,** sometimes known as contingent (partial) or emergency (temporary) flood resistance, requires human intervention to implement actions that will help the house to resist flooding. Successful use of this technique requires ample warning time to mobilize people and equipment and flood-resistant materials.

- **Passive flood resistance,** sometimes referred to as permanent flood resistance, requires no human intervention—the building (and/or its immediate surroundings) is designed and constructed to be flood-resistant without human intervention.

For rehabbing, passive flood resistance is more reliable because it does not rely on human intervention to be effective. Active and passive techniques can also be "dry" or "wet."

- **Dry flood resistance** (or "floodproofing," although a house is never truly "floodproof") involves sealing the house to keep floodwaters out. For example, walls can be coated with plastic or rubberized sheeting or special waterproofing compounds. Openings such as doors, windows, sewer lines, and vents can be closed permanently, or can be temporarily sealed with removable shields or sandbags.

- **Dry flood resistance** is not recommended if floodwaters are expected to be more than 2 or 3 feet above the ground level. Dry flood resistance is generally not appropriate for houses with basements or crawl spaces.

Construcción Resistente a Inundaciones

Tipos de Resistencia a Inundaciones

Los métodos para hacer una casa resistente a inundaciones caen en dos categorías generales: resistencia activa y resistencia pasiva.

- **La resistencia activa,** también conocida como resistencia contingente (parcial) a la inundación o de emergencia (temporal), requiere la intervención humana para implementar las acciones que ayudarán a la casa a resistir inundaciones. Para que esta técnica sea exitosa se requiere tener suficiente tiempo de advertencia para movilizar personas, equipos y adquirir materiales resistentes a inundaciones.

- **La resistencia pasiva,** también conocida como método permanente de resistencia a inundaciones, no requiere intervención humana alguna porque la casa misma (o su entorno inmediato) ha sido diseñada y construida para garantizar su seguridad en caso de una inundación.

- La resistencia pasiva a inundaciones es más segura en lo que se refiere a la rehabilitación porque no depende de la intervención humana para ser eficaz. Las técnicas activas y pasivas también pueden ser "en seco" o "en mojado."

- **La resistencia a inundaciones en seco** (o "a prueba de inundaciones" aunque una casa nunca es totalmente "a prueba de inundaciones") implica sellar la casa para resistir crecidas de agua. Por ejemplo, las paredes pueden estar cubiertas con láminas de plástico o láminas encauchadas o con compuestos de impermeabilización especiales. Las aperturas como puertas, ventanas, alcantarillas y aberturas de ventilación pueden estar cerradas permanentemente o selladas con escudos removibles o sacos de arena.

- Wet flood resistance involves modifying the house so that floodwaters will cause only minimal damage to the building and contents. Building materials below the flood protection level are replaced with materials that are resistant to water (more information on flood-resistant materials can be found later in this chapter). Wet flood resistance has one advantage over other techniques: even the smallest efforts can significantly reduce flood damage.

The table on the next page provides some examples of wet and dry flood resistance strategies that are either passive or active.

The primary goal of flood-resistant construction is for the house to resist flotation, collapse, or lateral movement during a flood. There are several strategies that are passive (require no human intervention) that should be considered on a case-by-case basis, and might be applicable in rehab work:

- Floodwalls. Floodwalls, berms, and levees are barriers that keep floodwaters from reaching a house. They are built to at least the height of the flood protection level in the locality. Floodwalls, berms, and levees can either surround the house (ring levee) or connect to high ground. They can also be built up against a house's foundation walls. Floodwalls of all types work best in places where flooding is less than 3 feet deep. Floodwalls and berms may not be appropriate for houses with basements. Modular block, or segmental, retaining walls employ interlocking concrete units that tie back into the earth to efficiently resist loads. As gravity structures, these systems rely on their own weight and coherent mass to resist overturn and sliding forces. The segmental nature affords the wall a permeability to relieve hydrostatic pressure, so less material is required for resistance. Such floodwalls may require regulatory approval.

- La resistencia a inundaciones en seco no se recomienda si se esperan crecidas de agua de más de 2 o 3 pies por encima del nivel del suelo. Generalmente la resistencia de inundación seca no es adecuada para casas con sótanos o con espacios libres debajo de la casa.

- La resistencia a inundaciones en mojado implica modificar la casa con el propósito de que las crecidas de agua causen solamente un daño mínimo al edificio y a sus contenidos. Los materiales de construcción que estén por debajo del nivel de protección contra inundaciones son reemplazados por materiales que son resistentes al agua (hay más información sobre materiales resistentes a inundaciones en éste capítulo). La resistencia a inundaciones en mojado tiene la ventaja de que hasta los esfuerzos más pequeños pueden reducir significativamente el daño de una inundación.

La tabla en la página siguiente da algunos ejemplos de estrategias de resistencia a inundaciones en mojado y en seco que pueden ser pasivas o activas.

El objetivo principal de una construcción resistente a inundaciones es que la casa resista la flotación, el colapso o el movimiento lateral durante una inundación. Hay algunas estrategias que son pasivas (no requieren intervención humana) que deben ser consideradas según cada caso particular y que podrían ser aplicables al trabajo de rehabilitación.

- Muros de encauzamiento. Los muros de encauzamiento, las bermas y los diques son barreras que evitan que las crecidas de agua alcancen la casa. Estos están construidos hasta la altura mínima del nivel de protección contra inundaciones de la localidad. Los muros de encauzamiento, las bermas y los diques pueden o rodear la casa o conectarse a tierra más elevada. Estos también pueden ser construidos contra las paredes de los cimientos de la casa. Los muros de encauzamiento de todo tipo

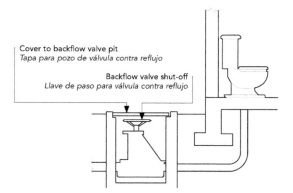

Cover to backflow valve pit
Tapa para pozo de válvula contra reflujo

Backflow valve shut-off
Llave de paso para válvula contra reflujo

3-A

Installation of exterior backflow valve
Instalación de válvula exterior contra reflujo

	DRY	WET
ACTIVE	Temporary floodshields on doors (on building openings) Temporary gates or panels (on levees and floodwalls) Emergency sandbagging	Temporary relocation of vunerable contents and equipment prior to a flood, in conjunction with use of flood-resistent materials for the house
PASSIVE	Waterproof sealants and coatings on walls and floors Permanently installed, automatic flood shields and doors Installation of backflow prevention valves and sump pumps [3-A] Continuous dikes, levees, or floodwalls, with automatic interior drainage systems	Use of flood-resistant materials below the flood level Installation of flood vents to permit automatic equalization of water levels [3-A] Elevation of vulnerable equipment (furnace, hot water heater) above flood level

	EN SECO	EN MOJADO
ACTIVO	Escudos o puertas de inundación temporales (para cubrir aperturas en el edificio) Puertas o paneles temporales (en diques y muros de contención) Bolsas de arena para protección de emergencia	Traslado temporal de contenido y equipo vulnerables antes de una inundación, junto con el uso de materiales resistentes a inundaciones para la casa
PASIVO	Selladores y capas impermeables sobre paredes y piso Escudos y puertas de inundación automáticos, permanentemente instalados Instalación de válvulas contra reflujo y bombas de desagüe [3-A] Diques no interrumpidos o muros de contención, con sistemas de drenaje interior automáticos	Uso de materiales resistentes a inundación debajo del nivel de inundación Instalación de aperturas equipadas con un mecanismo automático que permite el flujo y reflujo de las aguas para igualar las presiones en el interior y exterior durante la inundación [3-A] Elevación de equipo vulnerable (calentador, calentador de agua) por encima del nivel de inundación

- **Elevation.** Houses can be raised so that the lowest floor is above the possible flood level. If the house has foundation damage from the flood, the house should be raised to repair it. An elevated house will need a new foundation. The house should be jacked and temporarily set on cribbing while the foundation is built underneath. Work with a contactor with expertise in raising, moving, and setting houses.

- **Strengthened foundation.** The house can be supported on a new or significantly strengthened foundation designed and constructed to resist all anticipated flood loads, in combination with other anticipated loads. Manufactured (HUD-Code) homes can be particularly vulnerable to floods if their foundations are temporary. Ground anchors made of plates or augers embedded in the soil limit lateral building movement through tension members tied back to the manufactured home's chassis. Flood forces are resisted through the mass of the earth acting with the anchors. Properly applied, these systems are a cost-effective way to limit structural failure compared to conventional manufactured housing foundations.

trabajan mejor donde la inundación tiene menos de 3 pies de profundidad. Es posible que los muros de encauzamiento y las bermas no sean adecuados para casas con sótanos. Los muros de contención de bloques modulares o segmentales emplean unidades de hormigón entrelazadas que se anclan en la tierra para resistir cargas eficientemente. Al igual que las estructuras de gravedad, estos sistemas dependen de su propio peso y la masa coherente para resistir volcaduras y fuerzas de deslizamiento. El carácter segmentado proporciona alguna permeabilidad a la pared para aliviar la presión hydrostática, así que se necesita menos material para la resistencia. Tales muros de contención podrían requerir de aprobación mediante una regularización.

- **Elevación.** Las casas pueden ser elevadas de tal forma que el piso más bajo se encuentre a un nivel más alto que el posible nivel de inundación. Si la inundación ha dañado la cimentación de la casa, ésta debe ser levantada para ser reparada. Una casa elevada necesitará nueva cimentación. La casa debe ser elevada y puesta en un entramado mientras la cimentación se construye debajo. Trabaje con un contratista que tenga experiencia en elevar, trasladar y posicionar casas.

- **Cimentación reforzada.** La casa puede ser sostenida por una cimentación nueva o una cimentación fortalecida significativamente, diseñada y construida para resistir las cargas de inundación, en combinación con otras cargas. Casas manufacturadas (Código HUD) pueden ser particularmente vulnerables a las inundaciones si sus cimientos son temporales. Las anclas para la tierra hechas de placas o espirales incrustados en el suelo limitan el movimiento lateral de la estructura a través de los miembros de tensión, que conectan con el chasis de la casa manufacturada. La fuerza de inundación es resistida a través de la masa coherente de tierra actuando con las anclas.

- **Flood-resistant materials.** Construct the building with flood damage-resistant materials below the design flood elevation. (More information on flood-resistant materials and where to use them is found later in this chapter.)

- **Flood equalization.** In areas outside of coastal regions (check local building codes for floodproofing requirements) and for houses not dry-floodproofed, incorporate flood openings in walls forming an enclosure below the design flood elevation to allow the automatic equalization of flood levels. Such openings allow floodwaters to equalize and drain out as floodwaters subside. The use of flood openings (also called flood vents, since vents are commonly installed in the openings) is discussed in FEMA Technical Bulletin 1-93, Openings in Foundation Walls. Since owners usually want to control temperature and moisture in these enclosed areas (and prevent rodents, birds, and insects from entering), moveable or screened covers are often employed. These covers must not interfere with the equalization of water levels in the event of a flood, and should be selected to minimize potential blockage by debris. A variety of commercially available covers, such as grates, louvers, and grills that allow for control of the enclosed space and the passage of floodwaters, are available.

- **Breakaway construction.** In coastal "V zones" or other areas subject to extreme lateral flood loads (surge or wave action), elevate the house on piles or columns (minimize the use of shear walls below the design flood elevation wherever possible), keep the area below the flood elevation free of obstructions that could transfer flood loads to the elevated house, and use breakaway construction for non-structural building elements. This type of construction is frequently required under provisions of the National Flood Insurance Program.

Aplicados adecuadamente, estos sistemas son una manera costosa de limitar el fracaso estructural comparado con la cimentación convencional de casas manufacturadas.

- **Materiales resistentes a inundaciones.** Construya el edificio con materiales resistentes a inundaciones debajo del nivel de inundación establecido. (Hay más información sobre materiales resistentes a inundaciones en éste capítulo).

- **Igualación de torrente de agua.** En áreas fuera de regiones costeras (verifique los códigos de construcción locales para ver los requisitos en cuanto a la protección de la casa contra inundaciones) y para casas que no estén seguras en seco, incorpore aperturas de inundación en paredes que formen un espacio cerrado debajo del nivel de inundación establecido para que el diseño permita la ecualización automática de niveles de inundación. Estas aperturas de inundación permiten que las crecidas se ecualicen y drenen cuando bajen. El uso de aperturas de inundación (llamadas "flood openings" o "flood vents," ya que las aperturas son instaladas en las aperturas de ventilación) está explicado en el Boletín Técnico I-93 de FEMA, Aperturas en los Muros de Cimentación. Debido a que los propietarios generalmente quieren controlar la temperatura y la humedad en estas áreas cerradas (e impedir la entrada de roedores, aves, e insectos), frecuentemente se usan cubiertas móviles o celosías. Es importante que estas cubiertas no interfieran en la ecualización de niveles de agua en caso de una inundación y deben ser seleccionadas para minimizar la obstrucción potencial por escombros. Hay variedad de cubiertas protectoras disponibles en el mercado, tales como barras, persianas o rejillas que permiten controlar el espacio cerrado y el flujo y reflujo de crecidas.

Inside, there are a number of strategies and techniques that can enhance the house's flood resistance or make rehab work easier and less costly after the next flood:

Wallboard

- Install new wallboard panels horizontally so each piece is 4 feet high. If the next flood is less than 4 feet deep, only half of the wall will need to be replaced.
- Leave the wall open 1 inch above the sill. The baseboard will hide this gap. When you remove the baseboard after the next flood, the wall cavity will drain freely and air will circulate better.

Seals, Flood Shields, and Valves

- Many materials and devices have been developed to make the house's walls, floors, openings, penetrations, and utilities watertight during flooding, but the techniques are expensive and may not completely floodproof a house.
- Flood shields, panels, doors, and gates are typically used to close medium to large openings in the house. They can be temporary closures installed only when a flood threatens, or they can be permanent features that are closed manually or automatically. Key design parameters of these barriers are their height, stiffness (and resistance to hydrostatic forces), their method of attachment or installation, and their seals and gaskets.
- As a general rule, flood shields, panels, doors, and gates should not be attached to building windows, glazing, or doors. Given the potential for large flood loads, they should be attached to exterior walls or the structural frame.

- **Muros rompibles.** En "Zonas V" costeras u otras áreas sujetas a cargas laterales de inundación extremas, eleve la casa con pilotes o columnas (y si es posible, evite el uso de paredes de cizallamiento debajo del nivel de inundación), mantenga el área debajo del nivel de inundación libre de obstáculos que puedan transferir cargas de inundación a la casa elevada y use la rupturas de construcción para elementos no estructurales. El Programa Nacional de Seguridad para Inundaciones muchas veces requiere este tipo de construcción.

Dentro de la casa hay varias estrategias y técnicas que pueden aumentar la resistencia a inundaciones o hacer más fácil y menos costoso el trabajo de rehabilitación después de la próxima inundación:

Paneles de Yeso ("Drywall" en Inglés)

- Instale los nuevos paneles de yeso ("drywall" en inglés) horizontalmente para que cada panel tenga 4 pies de altura. Si la próxima inundación tiene menos de cuatro pies de profundidad, solamente necesitará reemplazar media pared.
- Deje la pared abierta una pulgada encima del umbral. El zócalo cubrirá este hueco. Cuando usted retire el zócalo después de la próxima inundación, la cavidad de la pared drenará libremente y el aire circulará mejor.

Sellos, Escudos de Inundación y Válvulas

- Muchos materiales y dispositivos han sido desarrollados para hacer que las paredes, pisos, aperturas, penetraciones y servicios de la casa sean herméticos durante una inundación. Sin embargo, las técnicas son costosas y tal vez no puedan impermeabilizar una casa completamente.
- Usualmente se utilizan escudos, paneles y puertas protectoras para cerrar aperturas en la casa sean de un tamaño mediano a grande. Pueden ser ballas temporales instaladas solamente cuando una inundación amenaza o pueden ser

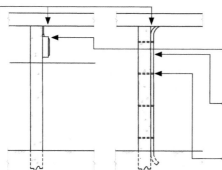

Flood-resistant installation techniques for utilities
Técnicas de instalación de utilidades resistentes a inundaciones

Lowest horizontal structural member of elevated building
El miembro de suporte más bajo del edificio elevado

Install service connections above design flood elevation on landward side of interior piles or other vertical support members
Instale conexiones para servicios arriba del nivel de inundación establecido de la casa, por el lado hacia la tierra de pilotes interiores o de otros miembros de soporte verticales

Install sewer and water risers on landward side of interior piles or other vertical support members
Adjunte la tubería ascendente de agua y alcantarilla en el lado hacia la tierra de los pilotes interiores u otros miembros de soporte verticales

Secure risers with corrosion-resistant straps or anchors
Asegure la tubería ascendente con estribos o anclas resistentes a la corrosión

Utilities and Power Systems

- Install service connections (e.g., electrical lines, panels, and meters; telephone junction boxes; cable junction boxes) above the house's flood protection level, on the landward side of interior piles, or other vertical support members. [3-B]
- Locate the main electrical breaker or fuse box and the utility meters above the flood protection level of the house.
- If the electrical code allows, raise the electrical outlets and switches above the flood protection level.
- Use only ground fault-protected electrical outlets below flood level.
- Use drip loops to minimize water entry at penetrations.
- Do not attach electrical components to flood break-away walls.
- Excess Flow Valves (EFVs) can be installed both at gas meters and at individual appliances to restrict the flow of gas when an excessive flow (due to a flood-induced line rupture or disconnected fitting) is detected.
- EFV Non-Bypass Valves (EFVNB) are designed to trip and close, forming a seal that is essentially gas tight. These valves generally must be reset manually after the leak or rupture has been repaired.
- Bypass Valves (EFVB) allow a small amount of gas to pass through (bypass) after it has tripped, which allows the valve to be automatically reset once the flow has been reduced below the threshold level.
- Emergency backup systems provide continued access to electrical service during power outages. These systems are typically based either on fossil fuel-powered generators or on battery-based storage systems. For emergency backup power during typical power outages, battery-based systems represent a fairly simple and silent alternative.

elementos permanentes que se cierren a mano o automáticamente. Los principales parámetros de diseño de estas barreras son su altura, rigidez (y resistencia a fuerzas hidrostáticas), su método de estar unidas o instaladas y sus sellos y juntas.
- Como regla general, los escudos, paneles, y puertas de inundación no deben estar fijados a las ventanas del edificio, al vidriado o a las puertas. Tomando en cuenta el potencial para cargas grandes de inundación, éstos deben ser fijados a las paredes exteriores o al marco estructural.

Servicios y Redes de Energía

- Instale las conexiones para servicios (por ejemplo, líneas eléctricas, paneles y medidores; cajas de empalme de teléfono y de cable) arriba del nivel de protección contra inundaciones de la casa, hacia el lado de la tierra de los pilotes interiores o de otros miembros de soporte verticales. [3-B]
- Coloque el interruptor eléctrico principal o caja de fusibles y los medidores de servicios encima del nivel de protección contra inundaciones de la casa.
- Si el código eléctrico lo permite, coloque los enchufes eléctricos y los interruptores encima del nivel de protección contra inundaciones.
- Solamente use enchufes eléctricos de tipo circuito protegido, en caso de falla a tierra debajo del nivel de inundación.
- Use circuitos de goteo para minimizar la entrada de agua en las penetraciones.
- No adjunte componentes eléctricos a paredes rompibles.
- Las válvulas de sobre flujos (EFVs, por sus siglas en inglés) pueden estar instaladas tanto en los medidores de gas como en aparatos individuales para restringir la circulación de gas cuando se detecta un flujo excesivo (debido a una ruptura de línea o conexión aflojada por causa de inundación).
- Las válvulas de sobreflujo sin sobrepase (EFVNB, por sus siglas en inglés) son diseñadas para cortarse y cerrarse, formando un sello que es esencialmente a prueba de fugas de gas. Estas

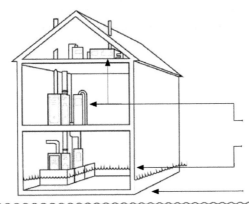

3-C

Flood-resistant locations for equipment
Sitios resistentes a inundaciones para equipos

HVAC equipment raised to second floor or attic
Equipo de HVAC elevado al segundo piso o ático

Design flood elevation
Elevación de inundación establecida

Concrete floodwall around HVAC equipment below flood level
Un muro de hormigón contra inundación alrededor de componentes de HVAC que están debajo del nivel de inundación

Water/Sewage

- Attach plumbing risers on the landward side of interior piles or other vertical support members.
- When possible, install plumbing runs inside joists for protection.
- Never attach plumbing runs to breakaway walls.

HVAC and Heavy Appliances

- Install HVAC components (e.g., condensers, air handlers, ductwork, electrical components) and water heaters above flood level, such as a higher floor or attic space (if allowed by code). [3-C]
- An updraft furnace located in a basement can be replaced with a downdraft furnace on a floor above the flood protection level.
- Where the flood protection level is not very high (1 to 2 feet), a furnace, water heater, or other heavy appliance can be raised on a platform inside the house. [3-D]
- Tankless water heaters can be mounted high on interior walls to protect them from flooding.
- The furnace, water heater, washer, and dryer can be protected from shallow flooding with a low floodwall built around the appliance. A concrete or wooden wall 1 or 2 feet high can stop low-level flooding.
- If installing a new air conditioner or heat pump outside, locate it on a platform above the flood protection level.
- Mount outdoor units on the leeward side of the building.
- Secure HVAC units so that they cannot move, vibrate, or be blown off their supports.

válvulas deben ser reiniciadas manualmente después de que el escape o la ruptura haya sido reparada.

- Las válvulas de sobre flujo con sobrepase (EFVB, por sus siglas en inglés) permiten que una pequeña cantidad de gas pase después de que se haya cortado. Esto permite que la válvula se vuelva a reiniciar automáticamente en cuanto la circulación haya sido reducida debajo del nivel del umbral.
- Los sistemas de reserva de energía de emergencia dan acceso al servicio eléctrico durante los apagones. Estos sistemas típicamente son generadores de combustible o sistemas de almacenamiento de baterías. Para una reserva de energía de emergencia durante los apagones típicos, los sistemas de batería representan una alternativa bastante simple y silenciosa.

Agua/Alcantarillado

- Agrupe las tuberías ascendentes de los pilotes interiores u otros miembros de soporte verticales.
- Cuando sea posible, instale las cañerías dentro de vigas para protegerlas.
- Nunca sujete cañerías a paredes de materiales rompibles.

Sistemas de Aire Acondicionado (HVAC) y Aparatos Domésticos Pesados

- Instale componentes de aire acondicionado (por ejemplo, condensadores de aire, tubería y componentes eléctricos) y calentadores de agua encima del nivel de inundación, como por ejemplo, en un piso más alto o en un ático (si el código lo permite). [3-C]
- Un calentador de aspiración ascendente en el sótano puede ser substituido por un calentador con aspiración descendente en un piso que esté encima del nivel de protección contra inundaciones.
- Cuando el nivel de protección contra inundaciones

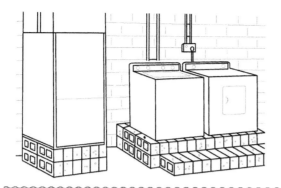

3-D

Raise appliances and equipment above floor level

Eleve electrodomésticos y equipo por encima del nivel de inundación

Fuel

- Fuel tanks should be installed so as to prevent their loss or damage. This will require one of the following techniques: (1) elevation above the "design flood elevation" (DFE) and anchoring to prevent blow-off, (2) burial and anchoring to prevent exposure and flotation during erosion and flooding, or (3) anchoring at ground level to prevent flotation during flooding and loss during scour and erosion. The first method (elevation) is preferred.
- Anchoring, strapping, or other attachments must be designed and installed to resist the effects of corrosion and decay.

es bajo (de 1 a 2 pies), la calefacción, el calentador de agua u otro aparato pesado puede ser colocado sobre una plataforma de la casa. [3-D]
- Los calentadores de agua sin tanque pueden estar instalados a gran altura en las paredes interiores para protegerlos de las inundaciones.

- El calentador de agua, la lavadora y la secadora de ropa pueden ser protegidos de inundaciones menores con un muro contra inundación construido alrededor del aparato. Una pared de concreto o de madera de 1 o 2 pies de altura puede detener inundaciones menores.
- Si usted va a instalar un acondicionador de aire o una bomba de calor afuera, colóquela sobre una plataforma por encima del nivel de protección contra inundaciones.
- Monte las unidades instaladas afuera en el lado de sotavento de la construcción.
- Asegure las unidades de aire acondicionado de manera que no se puedan mover, vibrar o ser desplazadas de sus soportes.

Combustible

- Los tanques de combustible deben ser instalados de manera que prevenga su pérdida o daño. Esto requerirá una de las siguientes técnicas: (1) elevar por encima del nivel de inundación y anclar para prevenir que sea arrasado por el viento, (2) enterrar y anclar para prevenir la exposición y flotación causada por erosión e inundación ó (3) anclar al nivel del suelo para prevenir la flotación y pérdida durante la inundación, el fregado y la erosión. El primer método (elevación) es el preferido.
- Anclas, flejes u otras medidas deben ser diseñadas e instaladas para resistir los efectos de la corrosión y descomposición.

Flood-Resistant Materials

In all phases of rehab work on a flooded house, particularly in areas prone to flooding or that flood on a regular basis, flood-resistant materials should be considered when replacing flood-damaged materials.

What Are Flood-Resistant Materials?

Building materials exposed to flooding must be resilient enough to sustain a certain amount of water exposure in order to avoid the need for complete replacement after the flood. These flood-resistant materials are defined by the Federal Emergency Management Agency (FEMA) as those capable of withstanding direct and prolonged contact (i.e., at least 72 hours) with floodwaters without sustaining significant damage (i.e., requiring more than cosmetic repair).

FEMA classifies flood-resistant materials according to five categories. The table on the next page describes FEMA's five categories of flood-resistant materials:

FEMA's National Flood Insurance Program (NFIP) designates materials only in categories 4 and 5 as acceptably flood-resistant. In selecting materials, consult the manufacturer or supplier about flood-resistant ratings of specific products. Table 2 provides an overview of a variety of flood-resistant building components (such as walls, piers, framing, insulation) identified by FEMA. FEMA's "Fact Sheets" offer additional information on many of these components.

For greater detail on acceptable flood-resistant materials, Tables 3 and 4 list interior materials for flooring, walls, and ceilings and their FEMA Flood-Resistance Classification. Only materials in categories 4 and 5 should be used for flood resistance.

Materiales Resistentes a Inundaciones

En todas las fases del trabajo de rehabilitación de una casa inundada, particularmente en áreas propensas a la inundación o que se inunden regularmente, materiales resistentes a inundaciones deben ser considerados para reemplazar los materiales dañados por la inundación.

¿Qué Son los Materiales Resistentes a Inundaciones?

Los materiales resistentes a inundaciones son definidos por la Agencia Federal para el Manejo de Emergencias (FEMA, por sus siglas en inglés) como aquellos capaces de soportar contacto directo y prolongado (es decir, al menos 72 horas) con crecidas de agua sin sufrir ningún daño importante (i.e. que requieran más que reparación cósmetica).

FEMA utiliza cinco categorías para clasificar los materiales resistentes a inundaciones. La siguiente tabla las describe.

El Programa Nacional de Seguro Contra Inundaciones de FEMA (NFIP, por sus siglas en inglés) reconoce solamente los materiales en las clases 4 y 5 como aceptablemente resistentes a inundaciones. Al elegir materiales, consulte con el fabricante o el proveedor sobre las clasificaciones de productos específicos en cuanto a su resistencia a inundaciones. La Tabla 2 da un resumen general de los componentes de construcción (como paredes, muelles, estructura, aislantes) resistentes a inundaciones identificados por FEMA. Las "Hojas Informativas" de FEMA ofrecen información adicional sobre muchos de estos componentes.

Para información más detallada sobre cuáles materiales resistentes a inundaciones son aceptables, las Tablas 3 y 4 contienen listas de materiales para uso interior en pisos, paredes y techos junto con su clasificación de resistencia de FEMA. Solamente los materiales en las categorías 4 y 5 deben ser usados para resistir inundaciones.

NFIP	CLASS	CLASS DESCRIPTION
ACCEPTABLE	5	Highly resistant to floodwater damage. Materials within this class are permitted for partially enclosed or outside uses with essentially unmitigated flood exposure.
	4	Resistant to floodwater damage. Materials within this class may be exposed to and/or submerged in floodwaters in interior spaces and do not require special waterproofing protection.
UNACCEPTABLE	3	Resistant to clean water damage. Materials within this class may be submerged in clean water during periods of intentional flooding for pressure equalization.
	2	Not resistant to water damage. Materials within this class require essentially dry spaces that may be subject to water vapor and slight seepage.
	1	Not resistant to water damage. Materials within this class require conditions of dryness.

TABLE 1: **FEMA Flood-Resistant Classification of Materials**

NFIP	CLASE	DESCRIPCIÓN DE LA CLASE
ACCEPTABLE	5	Muy resistente al daño ocasionado por crecidas de agua. Los materiales dentro de esta clase son permitidos para uso en espacios parcialmente cerrados o exteriores con una exposición a inundaciones esencialmente absoluta.
	4	Resistente al daño ocasionado por crecidas de agua. Los materiales dentro de esta clase pueden ser expuestos a crecidas de agua y/o sumergidos en ellas en espacios interiores y no requieren de protección impermeabilizante especial.
INACEPTABLE	3	Resistente al daño de agua limpia. Los materiales dentro de esta clase pueden estar sumergidos en agua limpia durante períodos de inundación deliberada para la ecualización de presión.
	2	No resistente al daño de agua. Los materiales dentro de esta clase requieren espacios esencialmente secos que podrían estar sujetos al vapor y filtración de agua ligera.
	1	No resistente al daño de agua. Los materiales dentro de esta clase requieren la condición de sequedad.

TABLA 1: **Clasificación FEMA de Materiales Resistentes a Inundaciones**

TABLE 2: Flood-Resistant Building Components	
BUILDING	FLOOD-RESISTANT CHOICE
Piles and posts	Round, tapered wood piles preservative-treated for ground contact at a minimum; square-section piles or wood posts preservative-treated for marine use.
Piers	Reinforced concrete or concrete masonry units (CMU) (see FEMA Fact Sheet No.14).
Foundation walls	Reinforced concrete or CMU, or wood that is preservative-treated for foundation marine use (see FEMA Fact Sheet No.15).
Beams	Solid-sawn timbers and glue-laminated products, either naturally decay-resistant or preservative-treated for above-ground exposure; built-up members preservative-treated for ground contact.
Decking	Preservative-treated or naturally decay-resistant wood, or composite wood members (e.g., manufactured or recycled sawdust and plastic).

TABLA 2: Componentes de Construcción Resistentes a Inundaciones	
COMPONENTE DE CONSTRUCCIÓN	OPCIÓN RESISTENTE A INUNDACIONES
Pilotes y postes	Pilotes de madera redondos y de diámetro gradualmente disminuido y tratados con agente preservativo para contacto con el suelo; pilotes o postes de sección cuadrada para uso marino tratados con agente preservativo.
Muelles	Hormigón reforzado o unidades de hormigón de mampostería (CMU) (consulte la Hoja Informativa de FEMA No. 14).
Paredes de cimentación	Hormigón reforzado o unidades de hormigón de mampostería (CMU) o madera tratada con preservativos para uso marino en cimientos (consulte la Hoja Informativa de FEMA No. 15).
Vigas	Madera serrada sólida y productos laminados con cola, o naturalmente resistentes a la descomposición o tratados con agente preservativo para la exposición por encima del suelo; miembros de cubiertas tratados con agente preservativo para el contacto con la tierra.
Cubierta	Madera tratada con agente preservativo o naturalmente resistente a descomposición o miembros de madera compuesta (por ejemplo, manufacturado o reciclado de aserrín y plástico).

TABLE 2: **Flood-Resistant Building Components**	
BUILDING	**FLOOD-RESISTANT CHOICE**
Framing	Sawn wood or manufactured lumber (preservative-treated or naturally resistant to decay if in close proximity to the ground). Light-gauge steel framing is not affected by flooding.
Exterior sheathing	High-capacity shearwall sheathing rated "Exterior."
Sub-flooring	Plywood or oriented strand board (OSB) rated "Exposure 1," or rated "Exterior" if left permanently exposed (e.g., exposed underside of elevated house on open foundation).
Siding	Vinyl or naturally decay-resistant wood (see FEMA Fact Sheet No. 25). Fiber-cement siding is water-resistant, in addition to being termite-resistant and non-combustible. Brick or stone are flood-resistant choices.
Flooring	Latex or bituminous cement formed-in-place, clay, concrete tile, pre-cast concrete, epoxy formed-in-place, mastic flooring, polyurethane formed-in-place, rubber sheets, rubber tiles with chemical-set adhesives, silicone floor formed-in-place, terrazzo, vinyl sheet-goods, vinyl tile with chemical-set adhesives, or naturally decay-resistant lumber.

TABLA 2: **Componentes de Construcción Resistentes a Inundaciones**	
COMPONENTE DE CONSTRUCCIÓN	**OPCIÓN RESISTENTE A INUNDACIONES**
Armazón	Madera serrada o manufacturada (tratada con agente preservativo o naturalmente resistente a la descomposición si estará cerca al suelo). Armazón de acero de calibre ligero no es afectado por inundaciones.
Entablado exterior	Entablado para paredes de cizallamiento de alta capacidad y certificado "Exterior."
Piso de base	Triplay o tablero de virutas orientadas (OSB) certificados "Exposure 1" (Exposición 1) o "Exterior" si se dejan permanentemente expuestos (por ejemplo, la parte de abajo de una casa elevada sobre una cimentación abierta.
Recubrimiento	Vinilo o madera naturalmente resistente a la descomposición (consulte la Hoja Informativa de FEMA No. 25). El recubrimiento de fibra cemento es resistente al agua, además de ser resistente a las termitas y no combustible. El ladrillo y la piedra son opciones resistentes a inundaciones.
Revestimientos para pisos	Látex o cemento bituminoso colado en el sitio, lozas de arcilla u hormigón prefabricado, epoxi fabricado en el sitio, materiales para pisos de mastic, poliuretano fabricado en el sitio, láminas de goma, azulejos de goma con adhesivos que fraguan a base de reacciones químicas, pisos de silicona fabricados en el sitio, terrazzo, láminas de vinilo, losas de vinilo con adhesivos que fraguan a base de reacciones químicas o madera naturalmente resistente a la descomposición.

TABLE 2: Flood-Resistant Building Components	
BUILDING	FLOOD-RESISTANT CHOICE
Walls and ceilings	Cement board, brick, metal, cast stone in waterproof mortar, slate, porcelain, glass, glass block, clay tile, concrete, CMU, pressure-treated wood, naturally decay-resistant wood, marine-grade plywood, pressure-treated plywood, or Styrofoam-core structural insulated panels (SIPs).
Doors	Hollow metal or glass-fiber
Insulation	Foam or closed-cell
Trim	Natural or artificial stone, steel, or rubber. High-density plastic trim is more durable and has a lower installation cost than wood. High-density polyurethane is the most common material for trim. Polyvinyl chloride (PVC) is formed into boards and profiles.

TABLA 2: Componentes de Construcción Resistentes a Inundaciones	
COMPONENTE DE CONSTRUCCIÓN	OPCIÓN RESISTENTE A INUNDACIONES
Paredes y techos	Paneles de cemento, ladrillo, metal, piedra prefabricada en argamasa impermeable, pizarra, porcelana, vidrio, bloques de vidrio, losa de arcilla, hormigón, bloque de hormigón, madera tratada a presión, madera naturalmente resistente a la descomposición, aglomerado de madera ("plywood" en inglés) de grado marino, aglomerado de madera tratado a presión o paneles estructurales con núcleo de espuma rígida de poliestireno (SIPs, por sus siglas en inglés).
Puertas	Puertas de metal hueco o de fibra de vidrio
Aislante	Espuma o de célula cerrada
Acabados	Piedra natural o sintética, acero o goma. El acabado de plástico de alta densidad es más durable y tiene un costo de instalación más bajo que la madera. Poliuretano de alta densidad es el material más común para acabados. El cloruro de polivinilo (PVC, por sus siglas en inglés) es usado para crear tablas y perfiles.

TABLE 3: Flood-Resistance Classifications for Flooring Materials

TYPES OF FLOORING MATERIALS	Classes of Flooring				
	Acceptable		Unacceptable		
	5	4	3	2	1
Asphalt tile[1]					●
With asphaltic adhesives			●		
Carpeting (glued-down type)					●
Cement/latex, formed-in-place		●			
Ceramic tile[1]					●
With acid- and alkali-resistant grout			●		
Chipboard					●
Clay tile	●				
Concrete	●				
Concrete tile	●				
Cork					●
Enamel felt-base floor coverings					●
Epoxy, formed-in-place	●				
Linoleum					●
Mastic felt-base flooring covering					●

TABLA 3: Materiales para Pisos Clasificados por Nivel de Resistencia a Inundaciones

TIPOS DE MATERIALES PARA PISOS	Clasificación de Resistencia a Inundaciones				
	Aceptable		Inaceptable		
	5	4	3	2	1
Losas de asfalto[1]					●
Con adhesivo asfáltico			●		
Alfombrado (del tipo pegado con cola)					●
Cemento/látex, formado en el sitio		●			
Losas de cerámica[1]					●
Con lechada resistente al ácido y álcali			●		
Plancha de aglomerado de madera ("plywood" en inglés)					●
Losas de arcilla	●				
Hormigón	●				
Losas de hormigón	●				
Corcho					●
Revestimientos para pisos de esmalte con base de fieltro					●
Epoxi, formado en el sitio	●				
Linóleo					●
Revistimientos para pisos de mastic con base de fieltro					●

TABLE 3: Flood-Resistance Classifications for Flooring Materials					
TYPES OF FLOORING MATERIALS	Classes of Flooring				
	Acceptable		Unacceptable		
	5	4	3	2	1
Mastic flooring, formed-in-place	●				
Polyurethane, formed-in-place	●				
PVA emulsion cement					●
Rubber sheets[1]					●
With chemical-set adhesives[2,3]	●				
Rubber tile[1]					●
With chemical-set adhesives[2,3]		●			
Silicone floor, formed-in-place	●				
Terrazzo		●			
Vinyl sheets (homogeneous)[1]					●
With chemical-set adhesives[2,3]	●				
Vinyl tile (homogeneous)[1]					●
With chemical-set adhesives		●			
Vinyl tile or sheets (coated on cork or wood product backings)					●

TABLA 3: Materiales para Pisos Clasificados por Nivel de Resistencia a Inundaciones					
TIPOS DE MATERIALES PARA PISOS	Clasificación de Resistencia a Inundaciones				
	Aceptable		Inaceptable		
	5	4	3	2	1
Revestimientos para pisos de mastic, formado en el sitio	●				
Poliuretano, formado en el sitio	●				
Emulsión de cemento PVA					●
Láminas de goma[1]					●
Con adhesivos que fraguan a base de reacciones químicas[2,3]	●				
Losas de goma[1]					●
Con adhesivos que fraguan a base de reacciones químicas[2,3]		●			
Piso de silicona, formado en el sitio	●				
Terrazzo		●			
Láminas de vinilo (homogéneas)[1]					●
Con adhesivos que fraguan a base de reacciones químicas[2,3]	●				
Losas de vinilo (homogéneas)[1]					●
Con adhesivos que fraguan a base de reacciones químicas		●			
Losas o láminas de vinilo (cubriendo corcho u otros productos de madera)					●

TABLE 3: Flood Resistance Classifications for Flooring Materials

TYPES OF FLOORING MATERIALS	Classes of Flooring				
	Acceptable		Unceptable		
	5	4	3	2	1
Wood flooring					●
Pressure-treated lumber	●				
Naturally decay-resistant lumber[4,5]	●				

TABLA 3: Materiales para Pisos Clasificados por Nivel de Resistencia a Inundaciones

TIPOS DE MATERIALES PARA PISOS	Clasificación de Resistencia a Inundaciones				
	Aceptable		Inaceptable		
	5	4	3	2	1
Piso de madera					●
Madera tratada a presión	●				
Madera naturalmente resistente a la descomposición[4,5]	●				

Notes:

1. Using normally specified suspended flooring (i.e., above-grade) adhesives, including sulfite liquor (lignin or "linoleum paste"), rubber/asphaltic dispersions, or "alcohol"-type resinous adhesives (culmar, oleoresin).

2. Not permitted as Class 2 flooring.

3. E.g., epoxy-polyamide adhesives or latex-hydraulic cement.

4. Not in the U.S. Army Corps of Engineers list; added by FEMA.

5. Refer to local building code for guidance.

Notas:

1. Usando adhesivos normalmente especificados para pisos suspendidos (i.e. de calidad superior), incluyendo licor de sulfito (lignina o "pasta de linóleo"), dispersiones de goma/asfalto o adhesivos resinosos de tipo "alcoholico" (culmar, oleoresina).

2. No se permite como material para pisos Clase 2.

3. Por ejemplo, adhesivos de epoxi-poliamido o cemento hidráulico de látex.

4. No se encuentra en la lista del Cuerpo de Ingenieros del Ejército de los Estados Unidos. Añadido por FEMA.

5. Refiérase al código de construcción local para más orientación.

TABLE 4: Flood-Resistance Classifications for Wall and Ceiling Materials					
TYPES OF WALL AND CEILING MATERIALS	Classes of Walls and Ceiling				
	Acceptable		Unacceptable		
	5	4	3	2	1
Cement board[1]	●				
Brick	●			●	
Face or glazed	●				
Common				●	
Cabinets, built-in	●			●	
Wood				●	
Metal	●				
Cast stone (in waterproof mortar)	●				
Chipboard					●
Exterior sheathing grade				●	
Clay tile	●	●		●	
Structural glazed	●				
Ceramic veneer, ceramic wall tile-mortar set		●			
Ceramic veneer, organic adhesives				●	
Concrete	●				
Concrete block	●				

TABLA 4: Materiales para Paredes y Techos Clasificados por Nivel de Resistencia a Inundaciones					
TIPOS DE MATERIALES PARA PAREDES Y TECHOS	Clasificación de Resistencia a Inundaciones				
	Aceptable		Inaceptable		
	5	4	3	2	1
Plancha de cemento[1]	●				
Ladrillo	●			●	
Perforado o vidriado	●				
Común				●	
Gabinetes, incorporados	●			●	
Madera				●	
Metal	●				
Piedra prefabricada (en argamasa impermeable)	●				
Madera prensada					●
De grado para entablado exterior				●	
Losa de Arcilla	●	●			
Estructural vidriada	●				
Revestimiento de cerámica, azulejo de pared de cerámica colocado en argamasa		●			
Revestimiento de cerámica, adhesivos orgánicos				●	
Hormigón	●				
Bloques de hormigón	●				

TYPES OF WALL AND CEILING MATERIALS	Classes of Walls and Ceiling				
	Acceptable		Unacceptable		
	5	4	3	2	1
Doors	●			●	
Wood, hollow				●	
Wood, lightweight panel construction				●	
Wood, solid				●	
Metal, hollow	●				
Fiberboard panels, vegetable types				●	●
Sheathing grade (asphalt-coated or impregnated)				●	
Other					●
Gypsum products				●	
Gypsum board (including greenboard¹)				●	
Keene's cement of plaster				●	
Plaster, otherwise, including acoustical				●	
Sheathing panels, exterior grade				●	
Glass (sheets, colored tiles, panels)		●			
Glass blocks	●				

TABLE 4: Flood-Resistance Classifications for Wall and Ceiling Materials

TABLA 4: Materiales para Paredes y Techos Clasificados por Nivel de Resistencia a Inundaciones

TIPOS DE MATERIALES PARA PAREDES Y TECHOS	Clasificación de Resistencia a Inundaciones				
	Aceptable		Inaceptable		
	5	4	3	2	1
Puertas	●			●	
Madera hueca				●	
Madera, construcción de paneles ligeros				●	
Madera sólida				●	
Metal hueco	●				
Paneles de láminas de fibra, tipo vegetal				●	●
Grado de entablado (revestido o impregnado de asfalto)				●	
Otros					●
Productos de yeso				●	
Tabla de yeso (incluyendo paneles de yeso llamados "greenboard" en inglés¹)				●	
El cemento de yeso de Keene				●	
Yeso en otras formas, incluyendo acústico				●	
Paneles de entablado, certificados para uso exterior				●	
Vidrio (láminas, azulejos de colores, paneles)		●			
Bloques de vidrio	●				

TABLE 4: Flood-Resistance Classifications for Wall and Ceiling Materials

TYPES OF WALL AND CEILING MATERIALS	Classes of Walls and Ceiling				
	Acceptable			Unacceptable	
	5	4	3	2	1
Hardboard				●	
Tempered, enamel or plastic coated				●	
All other types				●	
Insulation		●		●	●
Foam or closed-cell types		●			
Batt or blanket types					●
All other types				●	
Metals, non-ferrous (aluminum, copper, or zinc tiles)			●		
Metals, ferrous	●				
Mineral fiberboard					●
Paint		●			●
Polyester-epoxy and other waterproof types		●			
All other types					●
Paperboard					●

TABLA 4: Materiales para Paredes y Techos Clasificados por Nivel de Resistencia a Inundaciones

TIPOS DE MATERIALES PARA PAREDES Y TECHOS	Clasificación de Resistencia a Inundaciones				
	Aceptable			Inaceptable	
	5	4	3	2	1
Aglomerado de Madera				●	
Templado, revestido de esmalte o plástico				●	
Todos los otros tipos				●	
Aislante		●		●	●
De tipo espuma o células cerradas		●			
Vertido suelto o láminas					●
Todos otros tipos				●	
Metales no ferrosos (azulejos de aluminio, cobre o zinc)			●		
Metales ferrosos	●				
Láminas de fibra de mineral					●
Pintura		●			●
Poliéster-epoxi y toda clase impermeable		●			
Todos los otros tipos					●
Cartón					●

TYPES OF WALL AND CEILING MATERIALS	Classes of Walls and Ceiling				
	Acceptable		Unacceptable		
	5	4	3	2	1
Partitions, stationary	●	●			●
Wood, pressure-treated, (if not treated, then material is Class 2)	●				
Metal	●				
Glass, unreinforced		●			
Glass, reinforced		●			
Gypsum, solid or block					●
Steel, (panels, trim, tile) with waterproof applications	●				
With non-waterproof adhesive				●	
Stone, natural solid or veneer, waterproof grout	●				
Stone, artificial non-absorbent solid or veneer, waterproof grout	●				
All other applications				●	

TABLE 4: Flood-Resistance Classifications for Wall and Ceiling Materials

TIPOS DE MATERIALES PARA PAREDES Y TECHOS	Clasificación de Resistencia a Inundaciones				
	Aceptable		Inaceptable		
	5	4	3	2	1
Particiones, estacionarias	●	●			●
Madera, tratada a presión (si la madera no está tratada, el material es Clase 2)	●				
Metal	●				
Vidrio, no reforzado		●			
Vidrio, reforzado		●			
Yeso, sólido o bloques					●
Acero, (paneles, acabado, azulejos) con aplicaciones impermeables	●				
Con adhesivo no impermeable				●	
Piedra, sólida natural o de revestimiento, con lechera impermeable	●				
Piedra, sólida artificial no absorbente o de revestimiento, con lechera impermeable	●				
Todas las otras aplicaciones				●	

TABLA 4: Materiales para Paredes y Techos Clasificados por Nivel de Resistencia a Inundaciones

TABLE 4: Flood-Resistance Classifications for Wall and Ceiling Materials					
TYPES OF WALL AND CEILING MATERIALS	Classes of Walls and Ceiling				
	Acceptable			Unacceptable	
	5	4	3	2	1
Strawboard				●	
Exterior grade (asphalt-impregnated kraft paper)				●	
All other types				●	
Wall covering					●
Paper, burlap, cloth types					●
Wood	●			●	
Solid, standard				●	
Solid, naturally decay-resistant[1,2]	●				
Solid pressure-treated	●				
Plywood	●			●	●
Marine grade[1]	●				
Pressure-treated	●				
Exterior grade				●	
Otherwise					●

Notes:

1. Not on the U.S. Army Corps of Engineers list; added by FEMA.
2. Refer to local building code for guidance.

TABLA 4: Materiales para Paredes y Techos Clasificados por Nivel de Resistencia a Inundaciones					
TIPOS DE MATERIALES PARA PAREDES Y TECHOS	Clasificación de Resistencia a Inundaciones				
	Aceptable			Inaceptable	
	5	4	3	2	1
Tablero de paja				●	
Certificado para uso exterior (papel de embalaje kraft impregnado de asfalto)				●	
Todos los otros tipos				●	
Revestimientos de pared					●
Papel, arpillera, tipos de tela					●
Madera	●			●	
Sólida, estándar				●	
Sólida, naturalmente resistente a la descomposición[1,2]	●				
Sólida, tratada a presión	●				
Aglomerado de madera ("plywood" en inglés)	●			●	●
Grado marino[1]	●				
Tratado a presión	●				
Certificado para uso exterior				●	
Otros					●

Notas:

1. No se encuentra en la lista del Cuerpo de Ingenieros del Ejército de los Estados Unidos. Añadido por FEMA.
2. Refiérase al código de construcción local para más orientación.

Information Resources

- **Answers to Questions About Substantially Damaged Buildings (FEMA-213).** Federal Emergency Management Agency (FEMA), May 1991. Can be downloaded for free at the FEMA website:
  www.fema.gov/library/viewRecord.do?id=1636

- **Coastal Construction Manual (FEMA-55).** Federal Emergency Management Agency (FEMA), 1985. Available from the FEMA Distribution Center, 8241-A Sandy Court, P.O. Box 2012, Jessup, MD 20794; or at:
  www.fema.gov/rebuild/mat/fema55.shtm

- **The Disaster Handbook (1998 National Edition).** Institute of Food and Agricultural Services, University of Florida. Available at:
  http://disaster.ifas.ufl.edu/masterfr.htm

- **Flood Proofing Regulations, Chapters 9 and 10 (EP 1165-2-314).** U.S. Army Corps of Engineers, March 1992. Available at:
  www.usace.army.mil/publications/eng-pamphlets/ep1165-2-314/toc.htm

- **Flood Proofing Systems and Techniques.** U.S. Army Corps of Engineers, December 1984.

Recursos de Información

- **Respuestas a Preguntas sobre Edificios Considerablemente Dañados (FEMA-213).** Agencia Federal para el Manejo de Emergencias (FEMA, por sus siglas en inglés), mayo 1991. Puede ser descargado gratuitamente del sitio web de FEMA:
  www.fema.gov/library/viewRecord.do?id=1636

- **Manual para Construcciones Costeras (FEMA-55).** Agencia Federal para el Manejo de Emergencias (FEMA, por sus siglas en inglés), 1985. Disponible en versión impresa en el Centro de Distribución de FEMA, 8241-A Sandy Court, P.O. Box 2012, Jessup, MD 20794. También disponible en el sitio web de FEMA:
  www.fema.gov/rebuild/mat/fema55.shtm

- **El Manual de Desastres (Edición Nacional 1998).** Instituto de Alimentos y Servicios Agropecuarios de la Universidad de Florida. Disponible en:
  http://disaster.ifas.ufl.edu/masterfr.htm

- **Reglamentos para la Seguridad ante Inundaciones, Capítulos 9 y 10 (EP 1165-2-314).** Cuerpo de Ingenieros del Ejército de los Estados Unidos, marzo 1992. Disponible en:
  www.usace.army.mil/publications/eng-pamphlets/ep1165-2-314/toc.htm

- **Sistemas y Técnicas para Proporcionar Seguridad ante Inundaciones.** Cuerpo de Ingenieros del Ejército de los Estados Unidos, diciembre 1984.

- **Flood Proofing Tests, Tests of Materials and Systems for Flood Proofing Structures.** U.S. Army Corps of Engineers, August 1988. Available at: *www.ntis.gov/search/product. aspx?ABBR=ADA209380*

- **Flood Resistance of the Building Envelope.** Christopher P. Jones, PE. Whole Building Design Guide. Available at: *www.wbdg.org/resources/env_flood.php*

- **Flood Resistant Design and Construction (SEI/ASCE 24-98).** American Society of Civil Engineers. Available at: *www.asce.org/bookstore/book.cfm?book=3920*

- **Flood Resistant Materials Requirements for Buildings Located in Special Flood Hazard Areas in Accordance with the National Flood Insurance Program (FEMA Technical Bulletin 2-93).** Federal Emergency Management Agency (FEMA), 1993. Available from the FEMA Distribution Center, 8241-A Sandy Court, P.O. Box 2012, Jessup, MD 20794; or at: *www.fema.gov/library/viewRecord.do?id=1580*

- **Free-of-Obstruction Requirements for Buildings Located in Coastal High Hazard Areas in Accordance with the National Flood Insurance Program (FEMA Technical Bulletin 5-93).** Federal Emergency Management Agency (FEMA), 1993. Available from the FEMA Distribution Center, 8241-A Sandy Court, P.O. Box 2012, Jessup, MD 20794; or at: *www.fema.gov/library/viewRecord.do?id=1718*

- **Pruebas de Seguridad ante Inundaciones, Pruebas de Materiales y Sistemas para Estructuras que Proveen Seguridad ante Inundaciones.** Cuerpo de Ingenieros del Ejército de los Estados Unidos, agosto 1988. Disponible en: *www.ntis.gov/search/product. aspx?ABBR=ADA209380*

- **Resistencia a Inundaciones de las Envolventes de Edificios.** Christopher P. Jones, PE. Guía al Diseño Entero de Edificios. Disponible en: *www.wbdg.org/resources/env_flood.php*

- **Diseño y Construcción para Resistir Inundaciones (SEI/ASCE 24-98).** Sociedad Americana de Ingenieros Civiles. Disponible en: *www.asce.org/bookstore/book.cfm?book=3920*

- **Requisitos para Materiales Resistentes a Inundaciones en Edificios Ubicados en Areas Especiales de Peligro de Inundación de Conformidad con el Programa Nacional de Seguro Contra Inundaciones (Boletín Técnico de FEMA 2-93).** Agencia Federal para el Manejo de Emergencias (FEMA, por sus siglas en inglés), 1993. Disponible en versión impresa en el Centro de Distribución de FEMA, 8241-A Sandy Court, P.O. Box 2012, Jessup, MD 20794. También disponible en el sitio web de FEMA: *www.fema.gov/library/viewRecord.do?id=1580*

- **Requisitos de No Obstrucción para Edificios Ubicados en Areas Costeras de Alto Peligro de Acuerdo con el Programa Nacional de Seguro Contra Inundaciones (Boletín Técnico de FEMA 5-93).** Agencia Federal para el Manejo de Emergencias (FEMA, por sus siglas en inglés), 1993. Disponible en versión impresa en el Centro de Distribución de FEMA, 8241-A Sandy Court, P.O. Box 2012, Jessup, MD 20794. También disponible en el sitio web de FEMA: *www.fema.gov/library/viewRecord.do?id=1718*

- **Green Building Guidelines, Meeting the Demand for Low-Energy, Resource-Efficient Homes, 5th Edition.** Sustainable Buildings Industry Council (SBIC), 2007. Also available as a PDF download at:
  www.sbicouncil.org/storelistitem.cfm?itemnumber=5

- **Home Builder's Guide to Coastal Construction Technical Fact Sheet Series (FEMA 499) (FEMA Fact Sheets).** Federal Emergency Management Agency (FEMA). The fact sheets present information aimed at improving the performance of buildings subject to flood and wind forces in coastal environments. Available from the FEMA Distribution Center, 8241-A Sandy Court, P.O. Box 2012, Jessup, MD 20794; or at:
  www.fema.gov/rebuild/mat/mat_fema499.shtm

- **Homeowner's Guide to Retrofitting: Six Ways to Protect Your House from Flooding (FEMA 312).** Federal Emergency Management Agency (FEMA). Available from the FEMA Distribution Center, 8241-A Sandy Court, P.O. Box 2012, Jessup, MD 20794; or at:
  www.fema.gov/rebuild/mat/rfit.shtm

- **Introduction to Flood Proofing.** Chicago University Center for Urban Studies, April 1997. Available at:
  www.amazon.com/Introduction-flood-proofing-outline-principles/dp/B0006CT48Q/ref=sr_1_ 1/102-5388886-6956100?ie=UTF8&s=books&qid=1 185901764&sr=1-1

- **Moisture-Resistant Homes: A Best Practice Guide and Plan Review Tool for Builders and Designers With a Supplemental Guide for Homeowners.** U.S. Department of Housing and Urban Development (HUD). This 125-page guide advances the goal of designing, building, and maintaining houses that manage moisture effectively. Available at:
  www.pathnet.org/si.asp?id=2434

- **Guía para Construir Ecológicamente, Enfrentando la Demanda por Viviendas que Consumen Menos Energía y Usan Recursos Eficientemente, 5ta edición.** Consejo de la Industria para Edificios Sostenibles (SBIC, por sus siglas en inglés), 2007. También disponible para descargar en formato PDF en:
  www.sbicouncil.org/storelistitem.cfm?itemnumber=5

- **Guía del Constructor de Viviendas para Construcciones Costeras: Serie de Hojas Técnicas Informativas (FEMA 499) (Hojas Informativas FEMA).** Agencia Federal para el Manejo de Emergencias (FEMA, por sus siglas en inglés). Las hojas informativas proporcionan información dirigida al mejoramiento del rendimiento de construcciones expuestas a inundaciones y fuerzas del viento en zonas costeras. Disponible en versión impresa en el Centro de Distribución de FEMA, 8241-A Sandy Court, P.O. Box 2012, Jessup, MD 20794. También disponible en el sitio web de FEMA:
  www.fema.gov/rebuild/mat/mat_fema499.shtm

- **Guía del Propietario de Casa para Reacondicionamiento: Seis Maneras de Proteger su Casa contra Inundaciones (FEMA 312).** Agencia Federal para el Manejo de Emergencias (FEMA, por sus siglas en inglés). Disponible en versión impresa en el Centro de Distribución de FEMA, 8241-A Sandy Court, P.O. Box 2012, Jessup, MD 20794. También disponible en el sitio web de FEMA:
  www.fema.gov/rebuild/mat/rfit.shtm

- **Mold Prevention Strategies and Possible Health Effects in the Aftermath of Hurricanes and Major Floods.** U.S. Centers for Disease Control and Prevention (CDC). Provides information on how to limit exposure to mold and how to identify and prevent mold-related health effects. Available at: *www.cdc.gov/mmwr/preview/mmwrhtml/rr5508a1.htm*

- **Openings in Foundation Walls for Buildings Located in Special Flood Hazard Areas in accordance with the National Flood Insurance Program.** Federal Emergency Management Agency (FEMA). Provides guidance on the NFIP regulations concerning the requirement for openings in below-Base Flood Elevation foundation walls for buildings located in Flood Zones A, AE, A1-A30, AR, AO, and AH. Available at: *www.fema.gov/library/viewRecord.do?id=1579*

- **PATH - Recommendations to Help You Recover From a Flood.** U.S. Department of Housing and Urban Development (HUD). Recommendations based on findings from the Oak Ridge National Laboratory field tests of flood-damage-resistant housing materials. Available at: *www.pathnet.org/sp.asp?id=12574*

- **Introducción a Técnicas para Garantizar la Seguridad de Construcciones Ante Inundaciones.** Centro para Estudios Urbanos de la Universidad de Chicago, abril 1997. Disponible en: *www.amazon.com/Introduction-flood-proofing-outline-principles/dp/B0006CT48Q/ref=sr_1_1/102-5388886-6956100?ie=UTF8&s=books&qid=1185901764&sr=1-1*

- **Casas Resistentes a la Humedad: Una Guía de Mejores Prácticas y Herramienta de Evaluación de Planes para Constructores y Diseñadores Con Una Guía Suplementaria para Propietarios de Viviendas.** Departamento de Vivienda y Desarrollo Urbano de EE.UU. (HUD, por sus siglas en inglés). Esta guía de 125 páginas promueve el objetivo de diseñar, construir y mantener casas que manejen la humedad efectivamente. Disponible en: *www.pathnet.org/si.asp?id=2434*

- **Estrategias para la Prevención de Moho y Posibles Efectos a la Salud tras Huracanes e Inundaciones Severas.** Centros para el Control y la Prevención de Enfermedades de los Estados Unidos (CDC, por sus siglas en inglés). Proporciona información sobre cómo limitar exposición al moho y cómo identificar y prevenir efectos a la salud relacionados al moho. Disponible en: *www.cdc.gov/mmwr/preview/mmwrhtml/rr5508a1.htm*

- **PATH Technology Inventory.** U.S. Department of Housing and Urban Development (HUD). Lists more than 170 new technologies that demonstrate great potential for improving housing performance, providing builders with a reliable source of information on new materials, products or processes, details on each technology, and contact information for the manufacturers. Available at:
  www.toolbase.org/TechInventory/ViewAll.aspx

- **Protecting Building Utilities From Flood Damage (FEMA-348).** Federal Emergency Management Agency (FEMA), 1998. Available from the FEMA Distribution Center, 8241-A Sandy Court, P.O. Box 2012, Jessup, MD 20794; or at:
  www.fema.gov/hazard/flood/pubs/pbuffd.shtm

- **Raising and Moving the Slab-On-Grade House.** U.S. Army Corps of Engineers, National Flood Proofing Committee, 1990. Available at:
  https://www.nwo.usace.army.mil/nfpc/fpslab/ace2.htm

- **Repairing Storm-Damaged Home.** U.S. Department of Housing and Urban Development (HUD). Available at:
  www.pathnet.org/sp.asp?id=16371

- **Aberturas en los Muros de los Cimientos para Construcciones Ubicadas en Areas de Riesgo Especial a Inundaciones de acuerdo al Programa Nacional de Seguridad para Inundaciones.** Agencia Federal para el Manejo de Emergencias (FEMA, por sus siglas en inglés). Proporciona orientación sobre los reglamentos del Programa Nacional de Seguridad para Inundaciones (NFIP, por sus siglas en inglés) con respecto al requisito de aberturas en muros de cimientos que están debajo de las Elevaciones de Inundaciones de Base para construcciones ubicadas en las Zonas de Inundación A, AE, A1-A30, AR, AO y AH. Disponible en:
  www.fema.gov/library/viewRecord.do?id=1579

- **PATH (Alianza para Avanzar la Tecnología de Vivienda) - Recomendaciones para Ayudarle a Recuperarse de una Inundación.** Departamento de Vivienda y Desarrollo Urbano de EE.UU. (HUD, por sus siglas en inglés). Recomendaciones basadas en los hallazgos del Laboratorio Nacional Oak Ridge que fueron el resultado de pruebas de campo sobre daños a materiales de vivienda resistentes a inundaciones. Disponible en:
  www.pathnet.org/sp.asp?id=12574

- **Inventorio de Tecnología PATH (Alianza para Avanzar la Tecnología de Vivienda).** Departamento de Vivienda y Desarrollo Urbano de EE.UU. (HUD, por sus siglas en inglés). Ofrece una lista de más de 170 tecnologías nuevas que demuestran el gran potencial para mejorar el rendimiento de las viviendas, proporcionando a constructores una fuente confiable de información sobre nuevos materiales, productos o procesos, detalles sobre cada tecnología y la información de contacto de los fabricantes. Disponible en:
  www.toolbase.org/TechInventory/ViewAll.aspx

- **Repairing Your Flooded Home.** American Red Cross, 1992. Available as a book from your local Red Cross chapter or by writing for publication, FEMA-234, ARC 4477, to FEMA, P.O. Box 2012, Jessup, MD 20794-2012; or at: *www.redcross.org/services/disaster/ 0,1082,0_570_,00.htm*

- **U.S. Centers for Disease Control and Prevention: Emergency Preparedness and Response.** The website contains resources on natural disaster response, cleanup, and safety for workers. Available at: *www.bt.cdc.gov/disasters*

- **Protegiendo los Servicios Públicos de un Edificio del Daño Causado por Inundaciones (FEMA-348).** Agencia Federal para el Manejo de Emergencias (FEMA, por sus siglas en inglés), 1998. Disponible en versión impresa en el Centro de Distribución de FEMA, 8241-A Sandy Court, P.O. Box 2012, Jessup, MD 20794. También disponible en el sitio web de FEMA: *www.fema.gov/hazard/flood/pubs/pbuffd.shtm*

- **Levantando y Trasladando la Casa de Losa Rasante de Hormigón.** Comité Nacional del Cuerpo de Ingenieros del Ejército de los Estados Unidos para Garantizar Seguridad ante Inundaciones, 1990. Disponible en: *https://www.nwo.usace.army.mil/nfpc/fpslab/ ace2.htm*

- **Reparando Hogares Dañados por Tormentas.** Departamento de Vivienda y Desarrollo Urbano de EE.UU. (HUD, por sus siglas en inglés). Disponible en: *www.pathnet.org/sp.asp?id=16371*

- **Reparando Su Hogar Inundado.** Cruz Roja Americana, 1992. Disponible en versión impresa en su sede local de la Cruz Roja o al escribir pidiendo la publicación FEMA-234, ARC. 4477 a la siguiente dirección: FEMA, P.O. Box 2012, Jessup, MD 20794-2012. También disponible en: *www.redcross.org/services/disaster/0,1082,0_570_ ,00.htm*

- **Centros para el Control y la Prevención de Enfermedades de los Estados Unidos: Preparación y Respuesta para Casos de Emergencia.** El sitio web contiene recursos de información para personas que trabajan en el ámbito de la respuesta, limpieza y seguridad en cuanto a desastres naturales. Disponible en: *www.bt.cdc.gov/disasters*

Notes

Notas